经济学入门

JINGJI XUE RUMEN

一修 ◎ 编著

中国纺织出版社有限公司

内 容 提 要

任何人，无论是日常消费、投资理财还是管理企业，都离不开经济学，学习经济学，不能让你成为经济学家和理财高手，但是能让你用经济学的视角和思维看待和解决问题，经济学涉及到到日常生活中的方方面面，学习经济学知识已经成为现代人的一门必备功课。

本书定位为入门级教程，本书并没有使用繁复、难懂的公式、函数以及图表，而是以深入浅出的语言、简单易懂的逻辑分析来介绍经济学的一系列问题，让读者能够学以致用，教会读者以简单的经济学思维去思考、解决工作和生活中遇到的问题。

图书在版编目（CIP）数据

经济学入门／一修编著.-- 北京：中国纺织出版社有限公司，2022.5
ISBN 978-7-5180-1625-9

Ⅰ.①经⋯ Ⅱ.①一⋯ Ⅲ.①经济学—通俗读物 Ⅳ.①F0-49

中国版本图书馆CIP数据核字（2021）第278578号

责任编辑：赵晓红　　责任校对：高　涵　　责任印制：储志伟

中国纺织出版社有限公司出版发行
地址：北京市朝阳区百子湾东里 A407 号楼　邮政编码：100124
销售电话：010—67004422　传真：010—87155801
http://www.c-textilep.com
中国纺织出版社天猫旗舰店
官方微博 http://weibo.com/2119887771
天津千鹤文化传播有限公司印刷　各地新华书店经销
2022年5月第1版第1次印刷
开本：710×1000　1/16　印张：12.5
字数：154千字　定价：39.80元

凡购本书，如有缺页、倒页、脱页，由本社图书营销中心调换

前言
Preface

生活中,可能一些人会有这样的困扰:新闻上每天提到的GDP是什么意思?如今的国际经济局势怎样?为什么同事明明工资不高,却有花不完的零花钱?为什么每天超市都做活动?为什么现在的钱越来越不值钱了?为什么朋友想买房投资却犹豫不决……要回答这些问题,你首先要学习一些经济学知识。

那么,什么是经济学呢?

经济学是研究价值的生产、流通、分配、消费的规律的理论。经济学的研究对象和自然科学、其他社会科学的研究对象是同一的客观规律。经济学的本质就是实现资源的优化配置与优化再生,并进行转化、创造和实现价值,满足人类物质文化生活的需要与促进社会可持续发展,其重要性早已毋庸置疑。

然而,一些人可能会好奇,学习和研究经济学知识是经济学家、理财高手或是生意人的事,与我们平常百姓有何关系,其实不然,学习经济学知识,并不足以让我们成为一个叱咤经济市场的风云人物,也不会让我们成为一个真正的经济学家。但在当今社会,"像经济学家一样的思考问题"是很有必要的。无论是对于消费者还是企业家,也无论是资本主义或者是社会主义国家,经济学原理都是普遍存在且是放之四海而皆准的,它帮助我们理解经济现象的因与果,为自己作出准确的经济行为决策提供依据,而前提是必须掌握好基础的经济学原理。

不过,一直以来,市场上关于经济学的读物种类繁多、品类繁杂,很多人本想学习经济学,但却常常因为学习难度大而望而却步,鉴于此,我们编写了经济学入门这本书。

这是一本经济学入门读物,即便是那些从未接触过经济学的人也能

学习，目的在于帮助他们建立一个基础的经济学知识框架。全书一共分七章，内容包括经济学概念和名词、经济学指标、国家政策经济学、消费经济学、理财知识、商场经济学、管理经济学，本书的重心在经济学的基本概念和核心理论上，以深入浅出的语言阐述出来，从而帮助大家了解经济学的基本思想、常用的基本原理，形成基本的经济学思维，初步领略经济学的趣味，希望能对广大读者有所帮助。

编著者
2021年9月

目 录
Contents

第一章　学习经济学，先要学习这些概念和名词　‖001

　　第一节　理性经济人——经济学最重要的假设　‖002

　　第二节　看不见的手——市场机制带来的双赢　‖003

　　第三节　看得见的手——不甘寂寞的政府干预　‖006

　　第四节　稀缺——为什么想得到　‖009

　　第五节　供给与需求——推动世界转动的车轮　‖012

　　第六节　泡沫经济——吹个球，吹个大气球！　‖015

　　第七节　成本——经济学最核心的概念　‖018

　　第八节　沉没成本——不要为已经打碎的瓶子哭泣　‖022

　　第九节　马太效应——春天，我在地里埋下10块钱　‖025

　　第十节　机会成本——鱼和熊掌之间的选择　‖028

第二章　消费经济学——花钱也有学问，你会吗　‖033

　　第一节　棘轮效应——习惯的力量是强大的　‖034

　　第二节　消费者剩余——千金难买爷高兴　‖036

　　第三节　节俭悖论——消费主义的原罪　‖038

　　第四节　差别定价——这算是价格歧视吗？　‖040

　　第五节　吉芬商品——警惕越买越涨，越涨越买　‖044

　　第六节　羊群效应——莫做疯狂的旅鼠　‖046

　　第七节　天天平价——大超市真的是低价销售吗　‖048

　　第八节　打折——天上掉馅饼喽　‖051

　　第九节　炫耀性消费——不求最好，但求最贵　‖054

第十节　信贷消费——花明天的钱，做今天的事 ‖056

第三章　经济学指标——数值化的世界 ‖061

第一节　生活费用指数——哪个城市适合生活 ‖062
第二节　负担系数——人口红利的十字路口如何转弯 ‖063
第三节　国内生产总值（GDP）——高了为什么也有人质疑 ‖065
第四节　菲利普斯曲线——失业率与通货膨胀的跷跷板 ‖068
第五节　消费者物价指数
　　　　——"豆你玩""蒜你狠""姜你军" ‖070
第六节　消费者信心指数
　　　　——真的猛士，敢于直面惨淡的危机 ‖073
第七节　国民生产总值（GNP）——N和D有什么不同？ ‖075
第八节　股票指数——道琼斯、纳斯达克、上证…… ‖077
第九节　巨无霸指数——日常生活中的购买力平价理论 ‖080

第四章　国家政策经济学——下好经济棋局的前提 ‖083

第一节　所得税起征点上调——您今儿交税了吗？ ‖084
第二节　房产调控——我想有个家，一个不需要太大的地方 ‖086
第三节　人民币升值——美国为何老和中国过不去 ‖089
第四节　巨额外汇储备——世界的衰落，中国的崛起？ ‖092
第五节　货币政策——这些行为究竟要干吗？ ‖094

第五章　管理经济学——让企业更具有竞争力和战斗力 ‖099

第一节　奥格尔维法则——企业为什么需要人才 ‖100
第二节　激励效应——留住人才才是成功的关键 ‖103

第三节　鲶鱼效应——狼来了并不可怕　‖106

第四节　注重实绩——看他做事，而非说话　‖110

第五节　内卷化效应——要有打破循环的自信　‖112

第六节　帕金森定律——机构臃肿是组织大忌　‖114

第七节　奥卡姆剃刀定律——把复杂的工作简单化　‖117

第八节　破窗理论——不要打坏第一扇窗　‖120

第六章　为商之道——熙熙攘攘，利来利往　‖125

第一节　注意力经济——那些哥哥姐姐背后　‖126

第二节　商道之始——诚实守信是挣钱的前提　‖128

第三节　广告——酒香也怕巷子深　‖131

第四节　路径依赖——走自己的路，让别人跟去　‖135

第五节　捆绑销售——1+1＞2　‖138

第六节　品牌效应——挖掘心理价值　‖140

第七节　二八定律——二十等于八十　‖143

第八节　长尾理论——小需求催生大产业　‖145

第九节　区位——一家店成功与否的关键因素　‖149

第十节　信息——时代不同，重要性相同　‖152

第十一节　蓝海战略——为企业找到新天地　‖155

第七章　理财投资——一生二，二生三，三生万物　‖161

第一节　储蓄——在稳定中增值　‖162

第二节　债券——比存款划算的投资方式　‖166

第三节　保险——给未来吃颗定心丸　‖168

第四节　黄金——财富的"避风港"　‖170

第五节　基金——让专家打理你的财富　‖173

第六节　股票——你、我、他的博弈游戏　‖176

第七节　期货——有效的投资杠杆　‖178

第八节　学会花钱——学会理财前的必修课　‖182

第九节　以钱生钱——世上没有无源之水　‖185

第十节　博傻理论——自信满满的投机者们　‖187

参考文献　‖191

第一章
学习经济学,先要学习这些概念和名词

　　对于普通人来说,经济学可能离你很远。韩寒说过,数学学到初二就够用了,咱们这辈子不懂经济学也可以活得很好。但经济学也可以离你很近,因为生活中鸡毛蒜皮的小事都贯穿了或浅或深的经济学原理。简单来说,学经济学并非为了成为富翁,很多研究经济学的专家不见得比普通白领赚得多,但是学习一点经济学知识,可以使我们变得更理性,可以让我们看清楚生活背后的真相,可以帮助我们做好决策,可以增添生活的趣味。接下来让我们从一些最简单的经济学名词开始整个经济学之旅。

第一节 理性经济人——经济学最重要的假设

理性经济人假设是西方经济学家在做经济分析时关于人类经济行为的一个基本假设，即作为经济决策的主体都是充满理性的，其所追求的目标都是使自己的利益最大化。具体说就是消费者追求效用最大化，厂商追求利润最大化，要素所有者追求收入最大化，政府追求目标决策最优化。

亚当·斯密在《国富论》中的一段话对理性经济人有较为清晰的阐述："我们每天所需要的食物和饮料，不是出自屠户、酿酒师和面包师的恩惠，而是出于他们自利的打算。我们不说唤起他们利他心的话，而说唤起他们利己心的话，我们不说我们自己需要，而说对他们有好处。"亚当·斯密的这段论述向我们表明：人和人之间是一种交换关系，能获得食物和饮料，是因为商家们要获得自己最大的利益。

理性经济人是自利的，但自利并不完全等于自私。举个例子说，一个虔诚的基督教徒由于相信上帝，充满了行善的愿望，他人得到幸福时，他会觉得自己也幸福——他是自利的，但并不自私。

无论个体的行为是成功地为个体带来正的经济利益的流入，还是带来了负的经济利益的损耗，在做出决策时个体都是理性经济人。在社会以及经济活动中，人人都是理性经济人。比如说买一件商品时，都希望买到的是"物美价廉"的商品，没有人希望买到"质次价高"的商品，因为在经济活动中人会保持最大的自利。也许在结果上他买了"质次价高"的商品，但这不会改变他是理性经济人这一事实。

没有理解理性经济人假设就不可能认识经济规律，也不可能得出任何有意义的经济政策。理性经济人假设是现代经济学具有分析力的重要标志，没有这个假设，就不可能具有分析力。在经济学家的眼里，千差万别的活生生的人都是理性经济人——不懈地追求自身最大限度满足的理性的人。显然，经济人都是自利的，以自身利益的最大化作为自己的追求。当一个人在经济活动中面临若干不同的选择机会时，他总是倾向于选择能给自己带来更大经济利益的那种机会，即总是追求最大的利益。

如果假定人是道德人，社会几乎不需要任何制度安排，不需要任何经济政策，连国家都不需要。有些人说，人是复杂人。但是如果做出这样的假定，经济学发现的只能是偶然性，不可能有理论上的简化，无法处理纷繁芜杂的经济现象。如果让主张道德人和复杂人的人来分析刑事案件，可以保证百分之百破不了案。因为失去了对作案动机的考察，只能凭空想象。因此，从道德人、复杂人向理性经济人假设的转化，是现代经济学成熟的重要标志。

理性经济人只是认识经济规律的一个锐利武器，是工具，并不是主张人人自利。一些人把理性经济人这个假设说成是主张自私自利的，看成是具有价值导向和政策趋向的。好像是经济学家主张人们都自私自利，这是资本主义意识形态的标志，这是一个很大的误区。分析工具本身并不带有意识形态的东西，不存在价值趋向的问题，谁都可以用。不能说一个人坐了美国的飞机，他就主张美国的意识形态了。就连亚当·斯密也只是在经济分析里面用这个工具，他还著有《道德情操论》。用理性经济人这个假设来分析经济问题，并不意味着经济学家是主张人人自私的，而是在这个前提下才能够建立足够防范坏人的体制机制。

第二节　看不见的手——市场机制带来的双赢

"看不见的手"最早出自圣经《但以理书》：巴比伦王伯沙撒在宫

中设盛宴，畅饮期间，忽然显出一只手，在宫墙上写下三个神秘的词：弥尼、提克勒、毗勒斯。众人不解其意。先知但以理说："你冒渎天神，为此神放出一只手，写下这些字。意思是：'弥尼'——你的王位已告结束，'提客勒'——你在天秤里的分量无足轻重，'毗勒斯'——你的国度即将分裂。"

无从得知亚当·斯密是不是受了圣经的启发才想出这个词，但是可以看到的是自从他的《国富论》获得巨大成功之后，"看不见的手"已经成为完全竞争下市场调节的专门代称。市场调节是市场资源配置的一种十分重要的手段，而且最重要的是不需人为干涉，是自发产生的。它能通过价格、供求、竞争之间的相互作用与影响，推动资源的合理分配与合流，提高资源的利用效率，从而促进社会经济的发展。

亚当·斯密是承认人本性中的"贪婪"的，他认为个人在经济生活中考虑自己的利益是完全合理的，而且应该受到鼓励，每个人都应该充分利用好自己的资产，并使之产生最大的价值，然后这些行为通过分工和市场的作用，在社会中交织起来，就会产生足够的公共福利和社会利益，作用往往比直接干涉以促进社会进步来得大。这种模式的主要特征就是私有制，人人为己，而且人人都有获得市场信息的自由和无需政府干涉、开展经济活动的自由。

正常情况下，市场会以它内在的机制维持其健康的运行。其中主要依据的是市场经济活动中的理性经济人原则，以及由理性经济人原则支配下的理性选择。这些选择逐步形成了市场经济中的价格机制、供求机制和竞争机制。这些机制就像一只看不见的手，在冥冥之中，支配着每个人自觉地按照市场规律运行。市场调节是市场经济的灵魂所在，一个健康合理的现代市场体系必须是开放、有序的。其中，"无形的手"必定将对市场起到根本的调节配置作用，从而实现资源的最优分配。

举例来说，假如现在北京的胡萝卜2元一斤，而土豆只卖1元一斤。

那么，大批的农民便都决定要种胡萝卜了，原来种土豆的地现在也都改种胡萝卜了。结果可想而知，几个月后大批的胡萝卜将涌入市场，而土豆却很少能买得到了。由于供过于求，胡萝卜的价格一下狂跌到了4毛钱一斤，而土豆却因为供不应求，价格一路飙升。这回农民又会想再种胡萝卜也不会有什么利润了，甚至有可能亏损，而现在土豆的价格还是不错的。于是，部分农民又开始改种土豆。结果又过了几个月，大量的土豆涌入市场，平抑物价。就达到了调节的目的，自然而然地趋利避害，却达到了一个皆大欢喜的结果。

对此亚当·斯密曾在《国富论》中这样写道："他通常既不打算促进公共的利益，也不知道他自己是在什么程度上促进那种利益。由于宁愿投资支持国内产业而不支持国外产业，他只是盘算他自己的安全；由于他管理产业的方式目的在于使其生产物的价值能达到最大限度，他所盘算的也只是他自己的利益。在这种场合，像在其他许多场合一样，他受着一只看不见的手的指导，去尽力达到一个并非他本意想要达到的目的。也并不是因为事非出于本意，就对社会有害。他追求自己的利益，往往使他能比在真正处于本意的情况下更有效地促进社会的利益。"

亚当·斯密的理论一出，立刻引起广泛的重视，并且被很多著名的政治家、经济学家奉为圭臬。1787年，亚当·斯密到伦敦与他的忠实信徒、英国历史上著名的首相皮特见面。斯密最后一个到达会面地点，他一进屋，所有人都起立欢迎他。斯密说："诸位请坐。"皮特回答说："不，您坐下，我们再坐，我们都是您的学生。"

即使到现在，斯密的观点仍然是现代经济学争论的核心之一，后继者们更在市场调节的基础上提出了均衡理论，完成了对完全竞争市场机制的精确分析，在完全竞争条件下，生产是小规模的，一切企业由企业主经营，单独的生产者对产品的市场价格不发生影响，消费者用货币作为"选票"，决定着产量和质量。价格自由地反映供求的变化，其功能一是配置

稀缺资源；二是分配商品和劳务。通过看不见的手，企业家获得利润，工人获得由竞争的劳动力供给决定的工资，土地所有者获得地租。供给自动地创造需求，储蓄与投资保持平衡。通过自由竞争，整个经济体系达到一般均衡。

但是，虽然市场调节对于经济活动有十分重要的影响力，但有时也并不是万能的。市场失灵的现象也会出现，这也正说明了我们不能单靠市场调节来完善经济。市场调节并不是万能的，等价交换也不是任何领域都能使用。就像我国的医疗、消防、国防、基础设施建设等，都是不可能单凭市场来调节的，而是需要政府来调节的，这就是看得见的手。

第三节　看得见的手——不甘寂寞的政府干预

20世纪英国经济学家凯恩斯爵士提出的"看得见的手"，其观点和亚当·斯密的完全相反。在凯恩斯之前的西方经济学界，人们普遍接受以亚当·斯密为代表的古典主义经济学派的观点，即在自由竞争的市场经济中，政府只扮演一个极其简单的被动的角色——"守夜人"。凡是在市场经济机制作用下，依靠市场能够达到更高效率的事，都不应该让政府来做。国家机构仅仅执行一些必不可少的重要任务，如保护私人财产不被侵犯，但从不直接插手经济运行。

凯恩斯主张资本主义市场中不存在一只能把私人利益转化为社会利益的看不见的手，资本主义危机和失业不可能消除，只有依靠看得见的手，即政府对经济的全面干预，资本主义国家才能摆脱经济萧条和失业问题。为此，凯恩斯主张政府通过收入分配政策刺激有效需求来达到充分就业。为刺激社会投资需求的增加，他主张政府采取扩大公共工程等方面的开支，增加货币供应量，实行赤字预算来刺激国民经济活动，以增加国民收入，实现充分就业。也就是政府不满足于仅仅做一个"守夜人"，而是伸出"看得见的手"，积极干预。

日益庞大的经济体系难免会出现一些运转不正常的现象。当这种不正常现象扩大化，就会影响到人们的生活，影响到整个经济体系的快速发展。这时，政府将会站在大众的利益和整个国家经济发展的高度出面协调，这在一定时候可以改善市场结果。历史事实也证明，自由竞争的市场经济导致了严重的财富分配不均，从而造成经济周期性巨大震荡，社会矛盾尖锐。1929~1933年爆发的全球性经济危机就是自由经济主义弊端爆发的结果。就是在这个契机，凯恩斯提出了自己的政府干预理论，所以凯恩斯主义经济学还有一个不友好的别称"萧条经济学"，是有其原因的。

有一则著名的经济学寓言"挖坑"，来源于凯恩斯的一本著作《就业、利息和货币通论》。

乌托邦国处于一片混乱中，整个社会的经济处于完全瘫痪的境地，工厂倒闭，工人失业，人们束手无策。这个时候，政府决定兴建公共工程，发行债券雇佣200人要挖个很大的坑。雇200人挖坑时，需要发200把铁锹；发铁锹时，生产铁锹的企业开工了，生产钢铁的企业也开始工作了；发铁锹时还得给工人发工资，工人们也要吃饭，这时食品消费行业也发展起来了。通过挖坑，带动了整个国民经济的消费。大坑终于挖好了，政府再雇200人把这个大坑填好，这样又需要200把铁锹……这样，萧条的市场终于一点点复苏了。经济恢复后，政府通过税收，偿还了挖坑时发行的债券，一切又恢复如常了。

政府干预政策的核心是：保持经济总量平衡，抑制通货膨胀，促进重大经济结构优化，实现经济稳定增长。调控的主要手段有价格、税收、信贷、汇率等。

从经济学角度讲，宏观调控就是宏观经济政策，也就是说政府在一定时候可以改善市场结果。因为虽然市场是一只"看不见的手"，但有了政府宏观经济政策的保障，市场才能有效运行。从另一方面讲，市场虽然是经济活动的主要组织方式，但是也会出现一些市场本身不能有效配置资源

的情况，经济学家将其称为"市场失灵"。当然，政府有时可以改善市场结果并不是说它总是能够调控市场。那什么时候能够调控，什么时候不能呢？这就需要人们利用宏观调控的经济学原理来判断什么样的政府政策在什么情况下能够促进经济的良性循环，形成有效公正的经济体系，而什么时候宏观调控又无法实现既定目标。

宏观调控，是政府实施政策措施以调节市场经济的运行。在市场经济中，商品和服务的供应及需求是受价格规律及自由市场机制所影响的。市场经济会带来经济增长，但会引发通货膨胀，而经济高潮后所跟随的经济衰退会使经济停滞甚至倒退，这种周期波动对社会资源及生产力都构成严重影响。所以宏观调控是着重维持稳定整体社会的经济运作，通过人为调节供应与需求，从而使经济健康、平稳地发展。

现实中的市场经济并不是万能的，单纯的市场调节也不能实现资源的合理配置。这样一来，就存在了很多缺陷和弱点。比如垄断的出现，就使得市场竞争严重不公平，资源配置也不合理。市场机制的有效性必须以完全竞争为前提，但在现实中，由于规模效益的因素使有些部门容易产生垄断，从而破坏市场机制的作用，导致某些实力雄厚的垄断企业限制竞争和生产要素流动，扭曲价格，并降低资源配置效率。

我们依旧来说比尔·盖茨，他创业的故事非常经典，值得我们每个人去学习。比尔·盖茨的成功可以说一方面来自他的努力和才华，另一方面就是来自政府对于他知识产权的保护。对于他而言如果没有专利的保护，那新产品的开发就不会有相应的动力。而且，即使新产品开发出来了，没有版权的保护措施，也会使得盗版猖獗，微软仍是拿不到足够的回报投入再生产之中。不过，随着微软的成功，它的市场份额也越来越大，最后导致垄断，阻碍了市场上的自由竞争，同时它所制定的高价位，也损害了消费者的利益。这时，政府适时地介入，对垄断进行限制，保护市场上的竞争有序地进行。就像微软公司对其产品进行捆绑销售，它的视窗操作系统已经垄断了桌面操作系统市场。市场上出售的个人计算机几乎都预装了微软公司的视窗操作系统。微软公司希望能借此扩大其在其他市场上的占有率。例如，早期微软将视窗操作系统与网页浏览器捆绑销售，以此排挤当时著名的网景公司所推出的网景浏览器，使得微软在浏览器上大获全胜。后来，美国联邦法院介入，并裁定微软公司滥用其在操作系统市场上的优势地位，导致行业垄断。由此可见，只有国家的宏观调控适时地介入，才能保证一个国家的经济安全、稳定地发展。

第四节 稀缺——为什么想得到

在网上看到一则新闻，某市公开拍卖车牌号，其中众人瞩目的尾号为9999底价5万元，最终经过激烈的竞争，以70万元的价格被人拍下。70万元的价格在中国足可以买到一辆宝马X5，但最后只买到了一个车牌号，笔者遂起了兴致，想查查最贵的车牌号多少钱。果然世界之大，无奇不有，没有最疯狂只有更疯狂，吉尼斯世界纪录上最贵的车牌号出现在阿联酋首都阿布扎比一次慈善拍卖会上，一位名叫赛义德·阿卜杜勒·加法尔·扈利的阿联酋超级富豪成功拍得了仅有一个数字"1"的车牌号，而它的价格也创纪录地达到了5220万迪拉姆（阿联酋本国货币），约合1420万美元，约相当于1亿元人民币。

资源的稀缺性是经济学的前提之一。而对某些稀缺的产品来说——如上文的车牌号——其价格可以高到令人瞠目结舌的地步。其实车牌号并不稀缺，数字字母组合可以满足近乎所有人的需要，但是带有吉祥数字、特殊寓意的号码则是有限的，有限的资源不可能使每个人都得到满足。正是在资源稀缺的前提下，这些号码才能卖到如此高的价格。

在大学课堂上，十个经济学老师里面有八个讲到稀缺会提到阳光和空

气。阳光和空气都是人们离不开的,但是却并不值钱,你能想象有人沿街兜售阳光和空气吗?这种性质的资源在经济学上被称为"自由取用物",是可以不用付任何代价使用的。

但是世界上还就是有靠空气卖钱的。2007年为了振兴旅游业,泰国北部的罗普卡国家公园突发奇想,把山中充满花香的新鲜空气制成罐头,然后以30泰铢(约合当时的人民币6.5元)的价格出售给观光客。开始他们只想用这种方式吸引游客,没想到产品大受游客的青睐,不到一周就卖出6000罐,以致山下的农民不得不每天清晨爬到山顶将最新鲜的、无污染的空气装在大铝罐中带下山,然后加班加点在工厂洁净的车间里把他们分装到一个个小罐中,曾经要弃山进城打工的农民也由此踏上靠空气致富的道路。空气不是稀缺的,但是新鲜空气,尤其是某个特定地点的新鲜空气,就是稀缺的了,因为要呼吸到这样的空气,必须要付出代价。世界上的绝大多数物品都是这样无法自由取用的,因为世界上的资源(包括人力资源和物力资源)有限,这种有限的为获取它必须付出某种代价的物品,称之为"经济物品"。

鲁迅先生在《朝花夕拾》中的《藤野先生》一文中有这样的句子:"大概是物以稀为贵吧。北京的白菜运往浙江,便用红头绳系住菜根,倒挂在水果店头,尊为'胶菜';福建野生着的芦荟,一到北京就请进温室,且美其名曰'龙舌兰'。"因为地理的原因所以稀缺的程度不同,导致这些商品的尊贵,因此,白菜在浙江能卖出好价钱,而芦荟在北京也能卖出好价钱。

人类社会就在稀缺引发的矛盾中一路前行,一方面人类对经济物品的欲望是无限的,另一方面用来满足人类欲望的经济物品却是有限的。稀缺性是人类面临的永恒问题,它与人类社会共存亡。比如当穷国政府为把有限的财政收入用于基础设施建设还是教育方面而争论不休时,富国政府也在为把收入用于国防还是社会福利而发愁;当穷人为一日三餐担心时,富人正在考虑到底是投资股票还是期货。

稀缺性的概念在整个经济理论中起着至关重要的作用，一些经济学家认为稀缺性是经济学存在的前提条件，所以往往用稀缺性来定义经济学。由于稀缺性的存在，决定了人们在使用经济物品时必须不断做出选择，如决定利用有限的资源去生产什么、如何生产、为谁生产以及在稀缺的消费品中如何进行取舍及如何用来满足人们的各种需求，这些问题被认为是经济学所研究的主题。

在生活中，人们的欲望需求总是超过了能用于满足欲望的资源，也正是由于资源的稀缺性引起了竞争与合作。竞争就是争夺对稀缺资源的控制，竞争是社会配置资源，即决定谁得到多少稀缺资源的方式。所谓合作就是与其他人共同利用稀缺资源、共同工作，以达到一个共同的目的。合作是为了以有限的资源生产出更多的产品，因此，合作是解决资源稀缺性的一种有效途径。

在经济学中，稀缺性是由物品对人们效用的大小决定的，而效用就是指商品满足人的欲望的能力，或者也可以说，效用是指消费者在消费商品时所感受到的满足程度，在达到这种"满足程度"的度量最大时，其价值也最大。因此，经济学家分出了基数效用和序数效用两大派别。基数效用理论采用边际效用分析方法，序数效用理论采用无差异曲线的分析方法。基数效用理论又将效用分为总效用和边际效用。总效用是指消费者在一定时间内从一定数量的商品的消费中所得到的效用量的总和，而边际效用是指消费者在一定时间内增加一单位商品的消费所得到的效用量的增量。因此，效用是价值的源泉，是形成价值的一个必要非充分条件，所以价值的形成还要以物品的稀缺性为前提，只有稀缺性与效用相结合才是价值形式的充分必要条件。

第一，资源的稀缺性是有历史条件的。古代、近代、现代甚至十年以前，人们认为缺少的东西，在现在看来很多都已经很丰富了，比如粮食、

生活用品，等等。第二，资源的稀缺性也是因人而异的。对于闲人来说，时间对他是廉价的，而资本（也就是金钱）则是稀缺的；相反对于事业狂来说，时间对他可能是一个奢侈品，相对而言资本是富足的。经济学上来说，资源的分配不均必然要通过交换来实现。

马克思设想的共产主义社会特征其中有一条就是：社会生产力高度发展，物质财富极大丰富。在共产主义社会里，由于生产力的极大发展和劳动生产率的提高，物质财富不断涌流，社会产品极大丰富，达到可以满足整个社会及其成员需要的程度。换个角度来看，这不就是消灭了稀缺的社会吗？资源没法不稀缺，但是产品可以通过技术的升级进步、劳动生产率的提高变得不稀缺。如果产品不是稀缺的而是极大富足的，那么世界会完全变样，自然界中不会有优胜劣汰，不会有厮杀，每个生物都可以得到满足。

第五节 供给与需求——推动世界转动的车轮

从稀缺的概念出发，才能推出经济学中大名鼎鼎的需求定理。需求指大众因需要一件产品而产生的需要；而供应就指商人响应大众的需求而提供的产品供给。它显示了随着价钱升降而其他因素不变的情况下，某个体在每段时间内所愿意买的某货物的数量。

在一个完全市场化的世界里，你手握一种稀缺商品，稀缺的含义如上文所述就是人人想要把此物收入自己囊中。而在这个世界上，没有诸如裙带、后门、暴力之类的竞争手段，而是大家都按市场竞争，更具体一点说就是价格竞争，此物究竟给谁，就要看谁出价高了。世界上的财富是有限的，而且是非均值分布的，这点上我们应该没有疑问，那么在这种约束下，价格升高，能买得起的人就变得少，那么买不起的人就会放弃买这种商品，则商品的需求量变小，需求变小就会引起商品的价格下降，价格下降一点，买得起的人数就增加，市场需求量就增加了，又引起价格上涨。这就是就整个市场而言的需求定理。我们的世界就是在这个轮转中被推动滚滚前进的。

在大萧条来临的时候，资本家们宁愿把剩余的牛奶成桶成桶倒进河里，也不愿意免费给人喝。其实前几年的时候，在我国的南京、成都等地也相继发生了奶农和乳品企业把鲜牛奶倒进下水道的事件。为什么要把好好的鲜牛奶倒掉？难道牛奶已经到了"喝不完"的程度了吗？其实把牛奶倒掉，虽然就道义上来说无法容忍，但却是符合供求原理的。由于牛奶的产量很大，致使自身的价格大幅下降，甚至在有些地方比水的价格还要低，况且牛奶又是一种保质期极为有限的特殊商品，所以当供给大于需求时，只好倒掉。重要的是在倒掉之后，这种市场供需不平衡的信息能否及时地传递给生产者和消费者，市场信息的传递能否最终使供求关系达到均衡。

著名作家、教育家叶圣陶先生曾写过一篇短篇小说，叫《多收了三五斗》。小说里面描述了一种奇怪的现象。按理说，农业丰收了，农民的收入应该更高些才对。结果，谷物产了很多，可农民的收入却大大减少了。为什么会有这种现象产生呢？粮食属于刚性需求的商品。也就是说，它价格高，我们每天吃的是那么多，它价格低，我们每天吃的还是那么多。而水果零食就可以被看作弹性需求的产品，不吃也能过日子，价格贵了就少买一点甚至不买，价格便宜了就可以多买一点。由于农业的整体丰收，造成了粮食产量增加，其供给量急剧上升，超过了人的需求量。这样一来，粮食的价格就会下降，就会打击农民种粮食的积极性；相反假若粮食产量减少，满足不了人们的需求量的话，粮价则会升高。粮乃百价之基，粮价高涨会带动整体社会的物价上扬，导致社会不稳定，这就是西汉大经济学家桑弘羊所指出的"谷贱伤农，粮贵伤民"。桑弘羊在京师设常平

仓，对一些基础物资进行贱收高卖，以平抑物价，这已经是最基础的宏观调控了。

美国著名经济学家萨缪尔森曾经说过，学习经济学是再简单不过的事了，你只要掌握两件事，一件是供给，另一件是需求。1840年鸦片战争，英国用枪炮强行打开了中国的大门，英国商人为能打开中国这个广阔的市场而欣喜若狂。当时英国棉纺织业中心曼彻斯特的商人估计，中国有4亿人，假如有1亿人晚上戴睡帽，每人每年用两顶，整个曼彻斯特的棉纺厂日夜加班也不够，何况还要做衣服呢！于是他们把大量布匹运到中国。结果与他们的梦想相反，中国当时仍然处于一种自给自足的封建经济形态。在此基础上形成了保守、封闭甚至排外的社会习俗。鸦片战争打开了中国的大门，但没有改变中国人的消费习惯。当时，上层人士穿丝绸，一般老百姓穿自家织的土布，中国人晚上没有戴睡帽的习惯，布匹根本卖不出去。

一般来说，供求合理的时候，价格是稳定的；市场供不应求，市场价格往往高于市场价值；市场供过于求，市场价格往往低于市场价值。不仅如此，市场供给与需求的对比关系决定着市场价格偏离市场价值或生产价格的程度大小。长期供求关系直接影响着市场价值或生产价格形成的条件，进而影响市场价值。一般来说，长期供过于求很少出现，而供不应求是长期供求关系的主要形式。

供给和需求是使市场经济运行的力量，没有供给的商品是没有意义的。比如说"空中楼阁"，多少人幻想着住在里边，但这是不现实的，所以也就没有价值可言，从而也就没有什么与之相应的价格。同样，没有需求的东西也无法称之为商品，因为根本没有人愿意花钱去买它。所以，"需求"和"供给"这两个因素决定了商品的价格。

了解了这些，我们以后就可以用供给和需求来解释一些经济现象了：当"非典"袭击中国的时候，全国食醋、消毒液、医用口罩的价格都上升了，一些日用品也成了普通消费者的抢购对象，这主要是因为突如其来的"非典"病毒造成了消费者对这些物品需求的剧增；在欧洲，每年夏天当新英格兰地区天气变暖时，加勒比地区饭店房间的价格就会直线下降；当中东爆发战争时，美国的汽油价格上升，而二手凯迪拉克轿车价格下降。

价格是市场的晴雨表，反映了供给与需求之间的相互作用与变化。供给与需求是使市场经济运行的力量，它们决定了每种物品的产量以及出售的价格。另外，价格的变化与市场环境的变化也息息相关。如果你想知道某一种政策将如何影响市场的价格，你就应该先考虑它将如何影响供给和需求。这些都表现出供给与需求对市场的作用，而所有的这一切都是通过价格来反映的。

第六节 泡沫经济——吹个球，吹个大气球！

人人都爱看肥皂剧，俊男靓女的恩怨情仇，看的时候不用过脑子，看完完事。人人都爱吹泡泡，七彩绚烂，随风飞舞，破了也完事。但是有一种泡沫没人会喜欢，那就是经济泡沫。越大、越漂亮的泡泡蕴涵着越大的危险，这种毁灭性的危险随时可能在一瞬间发生。而且更难以理解的是，在爆掉之前我们都会被泡泡所吸引，希望它变得更大，更大，更大……

简单来说，泡沫经济就是一个过热、不正常的市场，主要体现在股票和不动产行业。这个市场里蜂拥着太多的买家，购买力太强，结果导致价格飞速地上涨，到了最后，价格已经完全背离了其真实价值，但是人们仍然抱着一种投机心理，希望下面会有人接盘，继续拉高价格。不过任何事都有始有终，这种情形自然无法永远持续下去，只要有人意识到危险性，然后开始抛售，就会引起一阵恐慌性的抛售风潮。直到后来所有人都一起卖出，使得其下跌的速度比上涨时还要快，价格急剧下降，泡沫就此破裂。整个经济过程中，进入市场较晚的那批人将遭受毁灭性的打击，如果牵扯面广的话，会出现严重的社会动荡。

世界上最早也是最著名的经济泡沫出现在400年前的西欧，只不过它的主体不是房子，也不是股票，而是美丽的鲜花——郁金香。

当郁金香从地中海一带传入了西欧，善于研究的荷兰人很快就培育出了更具观赏性的变种郁金香。由于稀少、罕见，在舆论吹捧、宣传之下，人们对这种变种的郁金香表现出一种疯狂、病态的倾慕与热情。使得这些郁金香球茎价格飞涨，成为当时投机者猎取的对象，大批的投机商囤积郁金香球茎以待价格涨得更高。1636年，表面上看起来不甚值钱的郁金香，竟然能换到一辆马车、几匹马。直至1637年，郁金香球茎的涨幅达到顶峰，最贵的变种郁金香的价格居然相当于一座房子的价格。由于市场过热，现货交易已经难以满足需求，期货交易随之产生。投资者的队伍越来越壮大，在这期间，不知有多少人高息贷款来投机。

然而经济泡沫瞬间破裂，毁灭了所有人的发财梦想。1637年2月4日，人们惊奇地发现郁金香球茎的价格一泻千里，暴跌不止。市场几乎转瞬之间就全面崩溃了。那些欠着高额债务的投机商们手中的球茎变得一文不值，每天都有人自杀，社会动荡不安，整个荷兰陷入了严重的经济危机之中。不久，有"海上马车夫"之称的荷兰就被英国夺走了海洋霸主的地位，从世界一流强国的位置滑落。

无独有偶，咱们国家20世纪80年代的长春也出现过"疯狂的君子兰"的现象，同样是美丽的花卉——君子兰被炒上了天价，君子兰换房子、换汽车都不稀奇。不过因为发现得早，处理得及时，没有造成大的影响。而如果是房地产业或者证券市场"泡沫"破灭，经济将显现严重的后遗症，其主要特征是：地价、股价大幅下落，不动产业萧条，股市长期低迷，证券公司收益剧减；欠息欠账等不良债权膨胀，偿款负担增大，企业对价格风险大的产业投资热情下降，资金转向短期投资和债券；股价下落损害一般中小企业和家庭消费，资金需求不旺，迫使中央银行贴现率下降。概括地说，"泡沫经济"的后果：一是社会分配不公，有的土地所有者个人资产骤然升值，而另一些高价买入股票、地产者则损失惨重；贫富差距拉大；二是金融信用危机，不动产抵押贬值，债务拖欠破产案件增多。

日本的"平成大萧条"就为我们展现了一个巨大的泡泡破灭的过程。日本的泡沫经济开始于1985年的"广场协议"。在美国的强大压力之下，日本被迫放开汇率，让日元持续升值。由于日本政府担心，日元大幅升值后，会引起国内的通货紧缩，当时的中曾根内阁开始采取极其宽松的货币和财政政策，包括扩大公共支出、降低利息、降低法人税和个人所得税。这三点导致了市场上流动性泛滥，其后果就是大量的资金流入了不动产，尤其是大城市的房地产市场以及证券市场，使得房价和股票价格急剧上升。从网上查到的数据可以看出这个泡沫被吹得多么绚烂、多么巨大。从1986年初到1989年末，日本房价和股票价格基本上都上升了3倍，日经指数从1986年的13000点左右上升到1989年末38915点。1991年，整个东京的土地就可以把整个美国买下，形势一片大好。

到了1990年初的时候，日本已经意识到了泡沫的严重性。1990年3月，日本央行开始对房地产信贷进行信贷总量控制，可是为时已晚。由于缺少了信贷的支撑，泡沫应声而破，房市和股市急剧下挫。

其实泡沫并不可怕，市场有独特的调节手段和经济周期，价格在价值曲线的基础上起起落落，泡沫或多或少都会出现，可怕的是有人拼尽全力助推泡沫的产生，并且在其中攫取巨大的利益。在现代社会中经常会出现这样的情况，投机商们都清楚市场泡沫的存在，也都明白它会有破裂的一天。他们都不想泡沫迅速破裂，但还是尽量越吹越大，在泡沫破裂之前，尽可能地赚大钱，而实际上要给出泡沫破裂一个准确的时间表很难。卖家的贪婪和野心越强烈，他们挺到最后的时间也就越晚，直到泡沫破裂时他们赔得也就越惨。在利益面前，人们都是盲目的，利益越大越是盲目。虽

经济学入门

然说"没人会在赚钱的时候破产",但泡沫经济的特点就是,不管你到底挣了多少,你永远不知道下一秒你会不会赔,当下跌开始的时候,也就是上涨结束的时候,没有全身而退的人必然迎来毁灭性的打击。

所以,我们可以投资,但最好不要投机。尤其在房地产上,现在的年轻人基本都到了成家立业的年纪,可居高不下的房价不是让他们望而却步,就是让父母为他们倾其所有。楼市的泡沫已经炒得很大了,不要为了赚取高额的利润,而攒钱买房活在生存的底线,也不要为了等待高点,而错过时机,甚至导致倾家荡产。

泡沫经济绝不是一种正常的现象。在我们做投资的时候要时刻观察市场。关于市场监管和政府调控,这些都只是他们的工作职责,但个人理财千万不要太寄希望于此。记住,没有人比你更关心你自己的钱。随着资产市场价格上涨,看准时机脱手卖出才是明智之举,也是遏制市场泡沫,保持资产配置稳定以及避免风险过大的有力之举。

第七节 成本——经济学最核心的概念

之前的章节中,我们由稀缺出发,推出了"供需原理",在经济学中,利益是指目标与代价之间的差距。目标是什么不好精确度量,因此,经济学把分析的重点放在代价上,代价就是成本了。而讲到需求定理时,涉及价格。无论是代价还是价格,都是成本问题。成本是经济学的最核心的概念,要从经济学的视角去解释我们的生活,要使得经济学成为具有推测能力的一门科学,非弄清楚成本这个概念不可。

成本是什么,日常生活中我们所讲的成本大多是会计学上的例子。比如做一个馒头要用一定量的面粉,再加上水、气、房租,摊到一个馒头上,这样合计出来的就是成本。但是在经济学上,则是指人们选择时无可避免的最高代价,即因做了某种选择而失去的最多的东西,这点必须搞清楚,不然没法继续推导下去。

在经济学上,选择带来成本,如果人生没有选择,只能一条道走到黑,那也就没有必要谈什么成本,因为成本必须要通过选择,发生变化,比较下来才能产生意义。比如上大学,成本是你上大学无可避免的最高代价,通俗地讲,就是你上大学使得你失去了什么。这里就牵扯到选择,你可以不去上大学,可以去打工,可以在家里自学,但是显然大多数人还是选择上了大学。我们失去如下东西:一些金钱——比如学杂费肯定是因为读大学而失去的东西了,但大学期间的生活费算不算呢?这要看具体情况,要看如果不读大学,生活费是多少。如果读大学生活费高过不读大学,则高过的部分是读大学的成本。另外假如去打工挣钱,这所挣的钱是因为读大学而失去的,也是读大学的成本了。

再深入一点,一个马上要被执行枪决的死刑犯,与一个死缓犯相比,哪一个更可能逃跑?你当然知道答案。但如何用经济学来获取你的答案呢?

对于死刑犯这个人,他无非有几种可供选择的行动方案:逃跑、老实呆坐在监狱里等死、用头撞墙自杀或采取类似的其他自杀方式。显然,由于此人原本马上就一命呜呼,所以老实待在监狱里的结果是被枪毙——收益是零,用头撞墙或类似的其他自杀行为的后果也是死亡——收益也是零,甚至是负的,因为还要费好大劲。另外,逃跑要耗费体力——这当然是代价的一部分,这样合起来,成功逃跑的成本就仅仅是那点"损耗的体力",收益是活下去,这当然是个很大的诱惑。但对于一个被判了死缓的犯人,也面临三种选择:逃跑、老实服刑、自杀。成功逃跑的收益是自由——活下去并且自由;死缓的犯人老实服刑的收益是被改判无期——活下去但不自由;自杀的收益显然是零——死亡,当然我们得有前提就是犯人对生存还是有所留恋的,对一心寻死的犯人来说,这些条件构成的成本

就改变了。

所以，死缓犯人越狱逃跑，就失去了老实服刑的选择机会和自杀的选择机会，这两个失去的机会中，以老实服刑的收益为大，因此，逃跑的成本之一是失去了"不自由地活下去"这一机会，除此之外，逃跑要耗费体力。可见，逃跑的成本，绝不仅仅是逃跑时所耗费的那点体力，而是"不自由地活下去+损耗的体力"。

在经济学上，成本是随时间、环境而变化的，不同的时间、环境下的选择带来的成本也不一样。打个比方说，你很喜欢吃一个小摊上卖的冰激凌，那么吃冰激凌这一行为的成本就是变化的。如果你现在就站在摊前，那么就是冰激凌的钱；如果你在楼上的家里，那么就得上下楼梯走一段路才能买到，成本就增加了；如果你出差在外地，那买这个冰激凌所需付出的成本就远远高过吃到这一个冰激凌带来的满足感，所以肯定想想也就算了。

再举一个例子来进一步说明吧：张三教授用自家的房子卖馒头，假设需要购买馒头机器1000元，而且因为自己还要上课带学生很忙，所以就雇了个工人。这一天，生产了100个馒头，支付了工人的工资、面粉、水、煤气等，合计是50元。那么成本是多少呢？用日常生活的想法来算的话，就是100个馒头50元，一个馒头5毛，但是是不是落了点什么？大头的机器成本没有加进去，会计学的算法就要精确得多，它会定一个折旧率，与机器用多长时间就破得没法用了有关，估算机器能使用100天，这样每天的成本就要加上折旧费10元，然后，会计很容易就算出1个馒头的成本就是6毛了。

经济学家要算成本时首先要问：在什么时候计算成本？如果是在买机器之前算，那么经济学家首先要问，自家房子如果出租给别人所能获得的最高租金是多少？你投资生产馒头的这些钱，如果不投资于生产馒头，而是投资于别的行当，会赚多少钱？我们再假设房子出租所得租金为20元，

第一章 学习经济学，先要学习这些概念和名词

投资于别的行当，每天最高可获得1%的收益，那么他就会这样算：

机器损耗10元+工资及原料50元+自家房子如果出租给别人所能获得的最高租金20元+失去的投资收益（1000+50）×1%=90.5元，然后除以馒头数量100，每个馒头成本就是0.905元。

但如果是在买了机器之后再来计算，那么，由于买机器的成本已经与行为的选择无关，所以，生产1个馒头的成本中，就不再含有那机器的钱了，因此馒头的成本包括：

工资及原料50元+自家房子如果出租给别人所能获得的最高租金20元+失去的投资收益50×1%=70.5元，因此，每个馒头成本只有0.705元了。

同理，如果馒头已经生产出来了，再问馒头的成本是多少，答案就不是那区区0.705元，因为此时馒头已经生产出来，木已成舟，那已经付出的钱都与未来的选择无关了。如果市面上这样的馒头可卖1元，则如果张三把这个馒头卖给李四，张三所失去的最高收益就是不能把它卖给另一个人以获取1元的收益。由于选择了卖给李四而失去了卖给别的顾客的机会，从而失去了1元的收益，不是成本是什么？成本此时正好等于价格。看起来不可思议，但按照经济学的成本概念，这个结论却是正确的。所以顺理成章推出下面的结论。

成本要通过竞争才能固定，并且为人所接受。为了便于理解，我们继续假设一个简单的情况。有一个人，我们就称为鲁滨孙吧，漂流到了一个荒岛上，还好天无绝人之路，给他留了点生活资料，这个世界就是个只有一个人的世界，换句话说就是完全没有竞争。于是早上起来，他就面临三个选择，是去山上打猎，还是去谷地摘果子，或者驾着小艇出海打鱼（让我们假设这个小艇跑不远，不然就没法讨论下去了）。那么现在请问鲁滨孙选择出海打鱼的成本是多少。

首先，鲁滨孙驾小艇出海打鱼，要消耗一些东西，比方说消耗汽油1升，这汽油本可以晚上用来点火照明，这消耗的汽油是付出的代价，也是

成本的一部分了。

其次,由于出海打鱼,就不能到山上打猎,或是不能到山上摘果子了。这两个代价中的最大者,即这两者的收益最大者,也是鲁滨孙出海打鱼成本的一部分了。问题就在于,到山上打猎,或到山上摘果子。这两个代价中谁的收益最大?鲁滨孙自己知道,但我们不知道。就算我们有良好的观察设备,我们也最多只能观察到他每天上山打猎的收获,比如是一只兔子,以及到山上摘果子的收获,比如说是10粒山葡萄。但一只兔子与10粒山葡萄相比,谁大谁小,我们还是不得而知,除非我们看得到他心中的想法。

不知道谁大谁小,就无法判断鲁滨孙出海打鱼的成本,从而也就不知道他上山打猎的成本是多少了,甚至不知道这些成本的变化。比如,鲁滨孙不下海打鱼,转而上山打猎,成本是增大了还是减少了?我们一概不知。可见,如果我们观察某个仅有一人的世界——那是一个没有竞争的世界,我们不可能知道一项行为的成本为何物。不知成本的变化,我们就不可能用经济学推测行为了。

但增加了一个人,情况就会完全不一样了。比如荒岛上多了一个人——假设又是张三,张三要与鲁滨孙争夺岛上的稀缺资源,当然也会产生交易,一产生交易,就出现交易价格,我们根据交易价格,比如昨天张三曾用1只兔子换了鲁滨孙的2升汽油,并用20粒山葡萄换了1升汽油,我们就知道1只兔子的价值大于10粒山葡萄的价值,这样,我们就可以判断鲁滨孙打鱼的成本是:1升汽油+1只兔子,即3升汽油。

第八节 沉没成本——不要为已经打碎的瓶子哭泣

有一位老爷子特别喜欢收集各种古董,一旦碰到心爱的古董,无论花

第一章 学习经济学，先要学习这些概念和名词

多少钱都要想方设法地买下来。有一天，他在古董市场上发现了一件向往已久的瓷瓶，于是花了很高的价钱把它买了下来。他把这个宝贝绑在自行车后座上，兴高采烈地骑车回家。谁知由于瓷瓶绑得不牢靠，在途中从自行车后座上滑落下来，摔得粉碎。这位老爷子听到清脆的响声后居然连头也没回。这时，路边有位热心人对他大声喊道："老人家，你的瓷瓶摔碎了！"老人仍然头也没回，说："摔碎了吧！听声音一定碎得不轻，无可挽回了！"不一会儿，老爷子就骑着车消失在茫茫人海中了。

老爷子的豁达令人惊叹，如果从经济学的角度来分析的话，老爷子是懂得了什么叫作沉没成本。什么是沉没成本呢？沉没成本就是我们为完成一笔交易，需要投入一定的前期成本，可是一旦交易中途夭折，前期投入就会白白损失掉，就"沉没"了。沉没成本不可能再收回，我们该如何面对，理性就显得尤为重要。既然无法收回，我们只有放弃，或者忽略不计。如果对沉没成本过分眷恋，就会继续原来的错误，造成更大的损失。可是一般人都做不到这一点，只好一路撑下去，最后赔得血本全无，悔之晚矣。

不计算沉没成本，其实就是说：过去的就让它过去吧，反正覆水难收了。尤其是过去所受的苦难，我们更不要去计较，不要让它们成为我们前进的阻碍。大多数经济学家们认为，如果你是理性的，那就不该在做决策时考虑沉没成本。经济学家认为，沉没成本是一种历史成本，对现有的决策而言是不可控的成本，不会影响当前行为或未来决策。也就是说，在进行一场新的投资决策时必须排除沉没成本的干扰，才可以把损失降到较低的限度，如果犹豫不决，旷日持久，只会让沉没成本越来越大。

错误地计较沉没成本在市场经济中也非常普遍。如果在银行的业务中出现，经常会引起严重的后果。例如，当一个贷款企业陷入困境时，信贷员通常会不顾该企业在未来发展中存在的问题，而继续为该企业提供贷款，以期望它能够获得喘息的机会，重新恢复往日生机，以便有能力偿还

银行的钱，不影响银行的自身利益。但结果往往事与愿违，企业还是无法从危机中摆脱出来。更为糟糕的是"沉没成本"问题经常会引起恶性循环：银行继续放贷，企业依旧失败。最后以企业宣布破产，银行巨额资金回收无望为结果。其实不仅是银行的信贷员，大多数决策者都难以摆脱上一次的决策失误所带来的心理阴影，都会执意在"原方向"上再次尝试，以证实前一个决策并没失败。

对待经济如此，对待感情也一样，已经逝去的感情纵然美好，可也只能作为回忆，而不能纠缠住不放。决定是否同女友分手，是一种对过去爱情投入的判断。因为，在恋爱中已经付出的一切，就像打翻的牛奶，不可能再被收回来。

经济学课上，教授向在座的男同学提了一个问题："一天，你请交往多年的女友去高档餐厅吃饭，并准备了钻戒要求婚。饭吃到一半时，女友突然说要跟你分手。"安静的课堂上开始出现窃窃私语。教授笑了，接着说："尽管你十分爱她，也为她付出很多，例如买了价值不菲的钻戒，请她吃昂贵的菜肴，但她决心已定，断然不可能和你在一起。那你怎么办？是不甘心付出太多而试图继续交往，还是放弃？"

这时，有人冒出了一句："既然不可能了，迟早是要放弃的。"教授笑了，他赞赏地说："选择放弃的同学是明智的。没有意义的东西，不必继续坚持下去。与其浪费光阴，不如把已经付出的当做沉没成本，把现有的时间和精力用于做其他事情。比如分手，以往再多的付出都已付诸东流，与其继续纠缠，不如就让过去的过去。其实，爱情并不完全是感性的，它也和其他事情一样，都是要承担沉没成本的。"

甜蜜的时候，你倾其所有地投入也不足为过，因为你还可以从对方那里得到爱情的"收益"。但一旦失去，你再付出任何东西，哪怕是生命，也无法换回一丝爱的回报，充其量只能得到怜悯。失去爱也就罢了，再失去生命和尊严，成本岂不是太高了？何况，你明明清楚，在不爱自己的人面前，这样做只会继续增加你在他（她）身上的沉没成本。

所以说，恋爱如同一场交易，当交易失败成为无法规避的事实时。为何不让损害及时止住，将自己受到的伤害降到最低？试想，世界上有几个理性的生意人在商场失败后，就跳楼自杀？继续为一个你无法从他（她）身上获得"爱情收益"的人伤害自己，是不值得的。

还有一些人，因为沉没成本的存在而畏惧谈恋爱。他们在爱情中患得患失，不敢为爱情做出牺牲。殊不知，在爱情中患得患失的举动，更容易导致失败。因为恋爱中，每个人都相互为投资对象、投资者，作为被投资的对象来说，怕付出的人立场太不坚定，带来的风险太大，有谁愿意将有限的经历和感情投给这样的人？

其实，对于年轻人来说，最该拥有的就是当断则断的魄力。既然"沉没成本"已经出现，那么，当务之急就是舍弃。只有舍弃了没有希望的过去，才能争取到充满希望的未来。如果急于翻本，急于求成，只可能会遭受更大的损失，越急越坏，越坏越急，就像赌徒们一样，哪一个不是因为想赢回已经失去的利益而越陷越深的呢？所以，在我们遭遇"沉没成本"时，要从所经历的失败、所走的弯路和所遭遇的打击中吸取教训，调整航向，重新做出正确的选择。

第九节　马太效应——春天，我在地里埋下10块钱

《新约·马太福音》里有这样一个故事："一个人要到外国去，就叫了仆人来。把他的家业交给他们，并按着各人的才干给他们银币。一个给了五千枚，一个给了两千枚，一个给了一千枚。那领五千枚的，随即拿去做买卖，另外赚了五千枚。那领两千枚的，也照样另赚了两千枚。但那领一千枚的，却掘开地，把主人的银币埋藏起来。过了许久，主人回来了。

那领五千枚银币的,又带着另外的五千枚银币来,说:'主啊,你交给我五千枚银币,请看,我又赚了五千枚。'主人说:'好,你这又良善又忠心的仆人。你可以进来享受你主人的快乐。'那领两千枚的也来说:'主啊,你交给我两千枚银币,请看,我又赚了两千枚。'主人说:'好,你这又良善又忠心的仆人。你也可以进来享受你主人的快乐。'那领一千枚的也来说:'主啊,我把你的一千枚银币埋藏在地里。请看,完好无损的在这里。'主人回答说:'你这又恶又懒的仆人,你既知道我没有种的地方要收割,没有散的地方要聚敛。就当把我的银币放给兑换银钱的人,到我来的时候,可以连本带利收回。拿出你这一千枚来,给那有一万枚的。因为凡有的,还要加给他,叫他有余。没有的,连他所有的,也要夺过来。把这无用的仆人,丢在外面黑暗里。'于是,那个只有一千枚银币的仆人到最后什么都没有了。"

1968年,美国科学史研究者罗伯特·莫顿以这个故事为名提出"马太效应"这个术语,用于概括一种社会心理现象:"即使他们的成就是相似的,相对于那些不知名的研究者,声名显赫的科学家通常得到更多的声望;同样地,在同一个项目上,声誉通常给予那些已经出名的研究者,例如,一个奖项几乎总是授予最资深的研究者,即使所有工作都是一个研究生完成的。"

后来,这一术语又被广泛地借用于经济学界,反映了贫富差距加大,富人更加富有,穷人更加贫穷的现象。就如第一个仆人用五千枚银币赚了五千枚银币,第二个仆人用两千枚银币赚了两千枚银币,同样是100%的投资回报率,投资比别人多,利润也就更多,双方的财富差值就从三千个银币拉大到了六千个银币,而且这种贫富差距加大的过程中,找不出任何不合理的地方,一切就自然而然地发生了。

那么站在现代社会的观点,从经济学的角度再次审视"马太效应",我们又能得到什么启示呢?

第一章　学习经济学，先要学习这些概念和名词

首先，一个人必须脚踏实地，正视自己的现状，选择一条切实适合自己的道路来走，不能妄自菲薄，也不能好高骛远。很多人理想与事业的破灭并非因为他们不够努力，而是过于努力，想要的太多。"马太效应"是现实存在的，一个人的家世、背景、财富、教育的确不能决定他所能取得的成绩，但这不代表这两者之间就没有联系。微博上现在流行的一条打趣励志书籍的段子不经意间就道出了真相："盖茨的书不会告诉你他母亲是IBM董事，是她给儿子促成了第一单大生意；巴菲特的书只会告诉你他8岁就知道去参观纽约证券交易所，但不会告诉你是他国会议员的父亲带他去的，由高盛董事接待的。"

但是"马太效应"的"穷者逾穷"是一个相对概念而非绝对概念，随着时间的推移，社会整体是在进步的，今天一个普通人的生活是古代的富豪都无法想象的，他们没一个人能看得到电视，坐得上汽车。老话说得好，"人比人，气死人"，与其眼睛望天，一不小心摔个跟头，倒不如看好脚下，一步一个脚印，明天的日子肯定比今天的更好。

其次，理财的功夫一定要修炼好，要会理财，敢理财。人们都有这么一种心理，就是越多的越贱，越少的越金贵，所以越有钱，投资策略往往更激进，投资回报率也越高；而越没钱，越不想冒险，殊不知收益也就随着风险溜走了。都像第三个仆人一样把钱埋在地里的话，现在高企的通货膨胀很快就会让你知道什么叫作"你不理财，财不理你"。

没有贫富差距的社会就像平板一块，没有波澜，但也不会进步。理解了"马太效应"有助于我们正确地认识一个社会的贫富差距。有贫富差距的社会并不是一个不公平的社会，在某种意义上一个人开办公司，提供就业岗位、产品和服务，最后合理合法挣到的钱反而要交各种各样的税才是不公平。阅读本节的读者们，你们的看法是怎么样的呢？

第十节　机会成本——鱼和熊掌之间的选择

生活中，大大小小的选择无处不在，孟子在战国时期就说："鱼，我所欲也，熊掌，亦我所欲也，二者不可得兼，舍鱼而取熊掌者也。生，亦我所欲也；义，亦我所欲也，二者不可得兼，舍生而取义者也。"从早上起来要穿哪一套衣服出门开始，你在选择；中午要去哪里吃饭，你又在选择；女孩子有众多的追求者，在考虑结婚的时候，到底哪一位男士比较适合自己，要选择；男生找工作时，面对多家企业，要做出选择。有些人善于做选择，他们能够抓住人生的拐点；而有些人遇到选择，要么犹豫不决，要么就最后选错。

有一头驴子非常饿，到处找吃的，终于看到了前面的两堆草。它迅速跑过去，却为难了，因为两堆草同样鲜嫩，它不知道应该先吃哪一堆。它犹豫不决，在两堆草之间徘徊，一直在思考先吃哪一堆。因为不知道如何选择，最终这头驴子饿死了。这就是《拉封丹寓言》里的驴子，常用来讽刺那些不知道放弃为何物的人。

面对有限的资源，为了能够得到自己想要的，人们必须选择放弃。由此看来，做出选择并不是一件容易的事，其根源在于，在资源有限的情况下，有所得必有所失。这里的损失就是机会成本，是指做一个选择后所丧失的不做该选择而可能获得的最大利益。也就是说，为了得到一种东西而必须放弃另一种东西。要想对备选方案的经济效益做出正确的判断与评价，必须在作决策前进行分析，将已放弃的方案可能获得的潜在收益作为被选取方案的机会成本计算在内。

机会成本中的机会必须是你可选择的项目。若不在可选择的项目范围内便不属于你的机会。比如农民只会种小麦、种蔬菜和养猪，搞房地产就不是农民的机会；又比如你只想吃豆沙糕或者巧克力薄饼，那么油条就永远成不了你的机会。

第一章 学习经济学，先要学习这些概念和名词

机会成本必须是指放弃的机会中收益最高的项目。放弃的机会中收益最高的项目才是机会成本，即机会成本不是放弃项目的收益总和。比如一个农民有一块土地，他可以用来种小麦、种蔬菜、养猪。假设这块地种小麦的收益是100元，种蔬菜的收益是150元，如果养猪的话，将会收益200元。如果农民拿这块地用来种蔬菜了，相应地，他就没法去种小麦或养猪，那么他种蔬菜的成本是多少呢？是150元吗？不是，150元只是会计成本，真正的经济学成本是200元，即他舍弃的另外两个项目中价值更大的那一个项目的价值！

有的人挣很多的钱，过高品质的生活，有健康的身体和良好的人际关系；而有的人却忙忙碌碌，只能维持生计。是否善于选择是导致差别的主要原因。什么是选择？选择可以看作一个判断和舍弃的过程，在多种可能性中找到最理想的一个，标准是效用（机会收益减掉机会成本）最大。

人的欲望是无限的，但用于满足欲望的资源却是有限的，所以，决定用哪些资源去满足哪些欲望便是我们时时刻刻都要面临的问题。这是个资源配置的问题，也是一个选择的过程。资源配置的实质就是权衡取舍，即在取舍之间得到最大的利益。

在现代社会里，类似的选择还有经济与环境之间的关系。要求企业减少污染，必然会增加生产资料与劳务的成本。由于成本上升了，企业的利润也就减少了，支付的工资便也会降低，产品的价格也会上升了，结果很可能是这三种情况的结合。因此，尽管污染管制、实施环保能够更好地改善我们的环境、提高健康水平，但其代价却是企业所有者、工人和消费者的收入减少。为此，我们不得不慎重为之。

比如说，作为学生必须知道如何分配自己宝贵的学习时间。他可以把所有的时间都用于钻研经济学，也可以把所有的时间用于学习物理学，还可以把时间平均分配在这两门学科上。为此，他学习一小时某一门课，就必须放弃本来可以学习另一门课的一小时。而且，他用于学习的每一个小

时，都是他不得不放弃本来可用于睡觉、上网、看电视或打工赚点零花钱的时间。夫妻在决定如何使用家庭收入时，也同样面临取舍。他们可以买衣服、逛街、度假或者为孩子的教育储蓄一部分收入。但当他们选择把额外的一元钱用于某一种物品时，那他们在其他物品上就要少花一元钱。

再来说说我国福利保障政策的分配问题。某些相关政策，诸如福利制度或失业保障，最终目的是帮助那些需要帮助的社会成员。另一些政策，例如，个人所得税，是要求经济收入水平较高的人士对政府的支持要比其他人更多。虽然这些政策对实现更深层次的平等有好处，但会以降低效率、打击人们的工作积极性为代价。当政府把富人的经济收入再次分配给穷人时，就减少了对辛勤劳动的奖励。结果，人们的工作效率降低了，生产的物品与劳务也随之减少。换句话说，就是当政府想要把经济蛋糕切得更为均匀时，这块蛋糕也就变小了。

在经济发展方面，效率与公平是一对典型的矛盾。要效率就得牺牲点公平，就像改革开放三十年，我国一直提倡效率优先，结果经济的确发展得不错，但是贫富差距却越来越大，有些人难免就觉得有失公平。还有建设廉租房、经济适用房是典型的要公平、不重效率。对以上问题的取舍和平衡只能是看哪个问题表现更为突出。

明白经济学中的选择性，能够帮助人们更好地理解在什么样的情况下做出什么样的选择。一个学生不应该用全部的时间来学习经济学而放弃物理学，政府也不应该只为控制环境而降低我们的物质生活水平，国家也不应该仅仅为了帮助穷人而扭曲了工作激励制度。

因为资源的稀缺性和有限性，人们对资源的用途必须做出合理的选择。经济学并不是直接地教你怎样去赚钱，而是要教会你如何运用博弈的思想去进行取舍、选择，选择对了，也就自然会赚到钱了。

明智的选择，需要清楚正确地计算成本和收益，评估风险，更重要的，是明白自己到底想要什么。每个人都希望有选择，而且希望做出正确选择——即使不是最好的,至少也是比较好的。那么有没有一些方法帮助我们呢?以下一些方法值得我们借鉴。

选择的形成共有五个步骤,每个步骤都极其简单:

第一步,列出所有可以采取的行动,包括不采用的行动也要列出来,而决策就是从各种可能的行动方案中选出一个来;

第二步,尽可能列出每个行动的可见后果;

第三步,尽量评估每种结果可能发生的概率,这一点常被忽略,因此得仔细加以讨论;

第四步,试着表达你对每种结果的渴望或恐惧程度;

第五步,最后把列出来的所有因素全部放在一起考量,做出合理的决策。

如果还没有列出选择方案或可能的结果,那么你一定得先解决这两个问题,毕竟决策的本质就是从众多选择中挑出一个最适合的,其目的就是要达到最佳结果;如果你连选择方案都说不出来,更别想做出任何决策了。

人们在日常的生活中,经常要面对各种各样的选择。所以要比较各个备选项的成本和收益,只有所获利益高于成本,人们才会采取行动。在这个选择的过程中,就需要计算机会成本,因此,这个经济学概念是我们每个人都要掌握的。

第二章
消费经济学——花钱也有学问，你会吗

老话说得好："挣钱之前先学会花钱。"挣了钱当然是拿来花的，在经济学中这叫消费。消费经济学关注的就是生活消费，它主要研究市场经济的发展给消费领域、给人们在消费方面带来一些什么新变化，这些新变化如何促进人们消费水平的提高、消费结构的改善和消费方式的完善，如何使人们的物质文化需求得到较好的满足，促进人的全面发展。要在经济发展的基础上，拓宽消费领域，合理进行消费，提高生活质量，使我们过上富裕文明的生活，并逐步向更高的水平前进。所以说为了生活变得更好一点，不妨学点花钱经济学。

第一节 棘轮效应——习惯的力量是强大的

"棘轮效应"最初来自对苏联计划经济制度的研究，美国经济学家杜森贝利后来使用了这个概念。古典经济学家凯恩斯主张消费是可逆的，即绝对收入水平变动必然立即引起消费水平的变化。针对这一观点，杜森贝利认为这实际上是不可能的，因为消费决策不可能是一种理想的计划，它还取决于消费习惯。这种消费习惯受许多因素影响，如生理和社会需要、个人的经历等。特别是个人在收入最高期所达到的消费标准对消费习惯的形成有很重要的作用。杜森贝利认为，对于消费者来说，增加消费容易，减少消费则难。因为生活水平一向很高的人，即使实际收入降低，多半不会马上因此降低消费水准，而会继续保持相当高的消费水准。即消费"指标"一旦上去了，便很难再降下来，就像"棘轮"一样，只能前进，不能后退。

棘轮效应可以解释为人的消费习惯形成之后有不可逆性，即易于向上调整，而难以向下调整。尤其是在短期内，消费是不可逆的，其习惯效应较大。这种习惯效应，使消费取决于相对收入，即相对于自己过去的高峰收入。说了这么多，其实用咱们老祖宗的一句话就全总结了——由俭入奢易，由奢入俭难。

商朝时，纣王即位之初，天下人都认为在这位精明的国君治理下，商朝的江山一定会坚如磐石。一天，纣王命人用象牙做了一双筷子，十分高兴地使用这双象牙筷子就餐。他的叔父箕子见了，劝他收藏起来，而纣王却满不在乎，满朝文武大臣也不以为然，认为这本来是一件很平常的小事。

箕子为此忧心忡忡，有的大臣莫名其妙，问他原因，箕子回答说：

第二章 消费经济学——花钱也有学问，你会吗

"纣王用象牙做筷子，必定再不会用土制的瓦罐盛汤装饭，肯定要改用犀牛角做成的杯子和美玉制成的饭碗；有了象牙筷、犀牛角杯和美玉碗，难道还会用它来吃粗茶淡饭和豆子煮的汤吗？大王的餐桌从此顿顿都要摆上美酒佳肴、山珍海味了；吃的是奇珍异品，难道还会穿粗布麻衣吗？当然不会，大王以后自然要穿绫罗绸缎了，以此类推，大王同样也要住在富丽堂皇、歌舞升平的宫殿里，因此还要大兴土木筑起楼台亭阁以便取乐。如此一来，黎民百姓可就要遭殃了，一想到这些，我就不寒而栗。"当时，很多人都觉得是箕子多虑了，并未将他的话放在心上，然而仅仅过了5年，箕子的预言就应验了，商纣王骄奢淫逸、贪图享乐，最终断送了商汤绵延了500年的江山。

在生活中，我们时时能碰到"棘轮效应"。比如，一个人如果不注意节俭，在花钱上大手大脚、挥霍无度，攀比心态严重、喜欢过度消费，这种奢华的生活方式会产生"棘轮效应"，让家庭理财陷入困境；相反，如果一个人善于理财，能够勤俭持家、适度消费、精打细算地过日子，就会进一步使家庭财富聚集，生活越来越丰富多彩。

比尔·盖茨认为，挣钱实在不容易，有钱的时候一定要想着没钱的时候，不要等到粮食吃完了才想起买米，一切都要未雨绸缪，防患于未然。在这种金钱观的引导下，比尔·盖茨的生活一直都精打细算。作为富翁，比尔·盖茨从来都不坐头等舱，有一次，有人在经济舱看到了比尔·盖茨，于是不解地问他："你那么有钱，为什么不坐头等舱？"比尔·盖茨笑了笑，反问道："你认为头等舱比经济舱飞得快吗？"如此看来，比尔·盖茨看中的并不是头等舱所带来的虚荣，而是更注重结果和实用性。正是这一良好的生活习惯帮他成就了世界首富的神话。

可以看出，坏习惯会毁灭我们的生活，而良好的习惯能改善我们的生活，让我们的财富越积越多。所有理财师都会告诉你，在赚钱前先学会花钱，养成一个好的消费习惯，将受用终身。

第二节　消费者剩余——千金难买爷高兴

这节开始先跟大家分享下生活中的小感受，不知道有没有人也有类似的感受。就是每次买完东西之后，尤其是衣服，不管价钱高低，回过头想的时候总有点犯嘀咕自己是不是被骗了，这件衣服是不是不值这个价，但每次这么想，每次还是很开心地在买。从经济学的角度来分析的话，这就是消费者剩余在作怪。何为消费者剩余呢？让我们先看一个小例子。

在一场披头士专辑的小型拍卖会上，有小琳、小文、老李、阿俊四个披头士迷同时出现。他们每一个人都想拥有这张专辑，但每个人愿意为此付出的价格都有限。小琳的意愿支付为100块，小文为80块，老李愿意出70块，阿俊只想出50块。

拍卖会开始了，拍卖者首先将最低价格定为20块，开始叫价。由于每个人都非常想要这张专辑，并且每个人愿意出的价格都远远高于20元，于是价格很快上升。当价格达到50元时，阿俊不再参与竞拍。当专辑价格再次提升为70块时，老李退出了竞拍。最后，当小琳愿意出81块时，竞拍结束了，因为小文也不愿意出高于80块的价格购买这张专辑。

那么，小琳究竟从这张专辑中得到什么利益了呢？实际上，小琳愿意为这张专辑支付100块，但他最终只为此支付了81块，比预期节省了19块。小琳节省出来的这19块就是小琳在这笔交易中的消费者剩余。

消费者剩余是指消费者购买某种商品时，所愿支付的价格与实际支付的价格之间的差额。在西方经济学中，这一概念是马歇尔提出来的，他在《经济学原理》中为消费者剩余下了这样的定义："一个人对一物所付的价格，绝不会超过，而且也很少达到他宁愿支付而不愿得不到此物的价格。因此，他从购买此物所得的满足，通常超过他因付出此物的代价而放弃的满足，这样，他就从这种购买中得到一种满足的剩余。他宁愿付出而不愿得不到此物的价格，超过他实际付出的价格的部分，是这种剩余满足的经济衡量。这个部分可以称为消费者剩余。"

我们买东西的参照标准其实是自己的心。这份主观评价表现为其愿意为这种物品所支付的最高价格。而决定这种需求价格的主要有两个因素：一是消费者满足程度的高低，即效用的大小；二是与其他同类物品所带来的效用和价格的比较。消费者愿意出的最高价格并不一定等于供求双方决定的市场价格，而是有着相当大的波动。

在2009年的吉尼斯世界纪录中，卡塔尔电信运营商Qtel被认定拍出了全球最昂贵的手机号码。一个6666666的手机号于2006年5月23日被拍卖，最终成交价格为1000万卡塔尔里亚尔，根据当时汇率水平计算约合275万美元。在经济学上，讲到一件商品是否合算，要看这件商品的价值是否跟价格匹配。一个手机号的实用价值就是打电话，自然是值不了多少钱，但俗话说得好，"千金难买爷高兴"，这份"爷高兴"的心理价位如果是1000万美元的话，那么这位富商还有着725万美元的消费者剩余，这笔交易当然能做成。

其实，懂得了"消费者剩余"这条理论，还可以帮助我们在生活中获得更多的实惠。就像和商家讨价还价一样，一般来说，顾客的需求价格一定会比商家的低。比如你在逛街的时候看中一双鞋子，商家给的价格是200元，而你所能承受的只是150元，那么，现在你就要想想怎样把"消费者剩余"拉到最高，也就是怎么能把商家的价格降下来。

下面就是我们要注意的问题。首先，你在讨价时穿戴最好朴实。如果你背着个LV的包包，去讨价还价可是极为不利的。因为商家就是在赚有钱人的钱，而且你穿得这么富贵，怎么还有立场去为50元钱斤斤计较呢。其次，注意不要被商家看出你的心思。有些商家专门留意顾客的眼神，如果你见到中意的东西两眼死盯着不放，那价钱一定是压不下来；老练的购物者通常发现了物美价廉的商品后不露一点表情，仍然不动声色地先让商家拿些其他商品来看，然后一脸"可买可不买"的表情压价，十分奏效。最后,不妨声东击西。在讨价还价时,要客观地找出欲购物品的不足之处:如你想买一条红色的裙子,且柜台里确有蓝、红、灰三种颜色,这时可以问问有没有黄色的,卖主误认为你最喜欢的是黄色,便会为不能满足你的需求让步。

第三节　节俭悖论——消费主义的原罪

1720年,伯纳德·曼德维尔博士写下了一本惊世骇俗的书《蜜蜂的寓言》。在书中他把人类社会比喻为一个蜂巢:"这些昆虫生活于斯,宛如人类,微缩地表演人类的一切行为。"在"这个蜜蜂的国度"里,每只蜜蜂都在近乎疯狂地追求自己的利益,虚荣、伪善、欺诈、享乐、嫉妒、好色等恶德在每只蜜蜂身上表露无遗。令人惊异的是,当每只蜜蜂在疯狂追逐自己的利益时,整个蜂巢呈现出一派繁荣的景象。后来,邪恶的蜜蜂突然觉悟了,向天神要求让他们变得善良、正直、诚实起来。"主神终于愤怒地发出誓言:使那个抱怨的蜂巢全无欺诈。神实现了誓言……"接着,在整个蜜蜂的王国中,一磅贬值为一文,昔日繁忙的酒店渺无人迹,不再有人订货,全国一片萧条景象。

曼德维尔的"蜜蜂的寓言"是现代自由主义经济学和经济伦理的基本隐喻。其理论主旨是弘扬私欲,相信市场对私人恶行具有神奇的转化和净化力量,认定出于道德情怀的行为不仅不可行而且可能危及公共利益。这就是说,私欲的"恶之花"结出的是公共利益的善果。

后来,鼎鼎大名的凯恩斯对这一现象做出了让人信服的经济学解释。凯恩斯的观点认为,在社会经济活动中,崇尚节约对于个人或家庭来说可以减少浪费,积累财富,但是从这个社会的角度来看的话,节俭并没有什么好处。公众节俭→社会总消费支出下降→社会商品总销量下降→厂商生产规模缩小→失业人口上升→国民收入下降、居民个人可支配收入下降→社会总消费支出下降……1931年1月凯恩斯在广播中说明，节俭将使贫困"恶性循环"。他告诉大家："如果你们储蓄了五先令，将会使一个人失业一天。"

凯恩斯的理论在20世纪30年代的经济危机中得到了完美的印证。在大萧条中，美国人一度陷入绝望与悲痛之中，对政局的稳定和经济的恢复失去信心，不敢轻易消费和投资，个人储蓄明显增多，以防未来不可预测的变化。这种保守消费心态的形成，一时间就使美国经济真正跌入低谷、进入低迷期。最后在不得已之下，政府开始扶持美国一些知名企业家，联合起来投资股票市场，并呼吁大家松开钱袋子，加大消费和投资的力度，来拯救美国的经济。

再讲一个有趣的经济学现象。有一位古怪的教授每逢讲到货币，他都会在课堂上烧掉一美元纸币，为此同学们大为不解。"有什么好惊讶的吗？"教授问他吃惊不已的学生们，"我损毁的并不是有价值的东西啊。它只不过是张纸而已，和垃圾桶中其他的纸并无任何区别。如果我打翻一瓶牛奶，丢弃一块面包你们有这样的反应才是正常的，为了这张钞票不应该这样。"我们都知道要是这么烧下去的话，教授肯定会穷的。所以，我们可不可以理解为：因为他是这个社会的一分子，因为他变穷了所以整个社会也变穷了呢？答案刚好相反，社会不会变穷，反而其他人因为他的做法而变富了。

对此，教授接着解释道："你们不要为我烧了一元纸币而心疼，反而应该高兴才对。烧钱看上去似乎是破坏行为，但事实上却是有益他人的事。因为我每烧掉一元钱，我就不能买到这一元钱本来能买到的东西了。而这一元钱能买到的那些东西，现在已经转供别人享用，包括在座的每一位。"

这来自经济学中的一个基本理论：社会上的货币总量决定了商品和劳

务的一般物价水平。在通常情况下,货币量增加,价格就会上涨,反之,价格就会下跌。一张一美元钞票被烧掉,就减少了货币供给量,那社会的一般物价水平将会下降,购买力就会增强。

这就是为什么最近几年有一句话异常流行,消费就是爱国。储蓄是中华民族的一种传统美德,但在市场经济条件下,尤其是全球金融危机过后,对于整个社会来说,过量的储蓄却无异于一场灾难。因为如果每个人都节俭的话就会因为没有足够的消费需求而使得百业萧条。按照企业理论,在经济萧条、收入锐减的情况下,提倡人们省吃俭用过紧日子从而增加储蓄来恢复经济是一种消极的行为。只有改变人们的消费心理,鼓励企业和居民增加合理消费,才是恢复经济的有效方法。

但是,一味地拉高消费,甚至寅吃卯粮,虽然在社会上来看是需求旺盛,一派欣欣向荣的景象,但是我们所消费的所有东西并非无源之水,而是从大自然中获取的。现代化之后短短的几百年时间,人类所消耗的资源是历史上几千年的总和;而人类数千年的文明史对自然环境的改造远大于其他时代。在凯恩斯把视角从一家一户上升到人类社会的时候,他发现了节俭悖论,但他的目光仍然显得有些短浅。从整个地球的角度来看现在人类疯狂的活动的话,这像不像一场趋向毁灭的盛大狂欢呢?

第四节　差别定价——这算是价格歧视吗?

大家都知道飞机票能打折,有的时候能搞到非常非常便宜的飞机票。在《3000美金环游世界》这本书中,朱兆瑞在欧洲旅行时,打算从巴黎乘飞机飞回伦敦。要是按照正常航班来买票的话,票价是181英镑,对于这位不太富裕的留学生而言,这价格显然有点贵了。因此,他仔细搜寻报纸信息,希望能买到最便宜的机票。最后,他做到了,而且只花了6.3英镑!

不过，这还不算最便宜的机票，有一次他从比利时飞回伦敦，居然只花了0.01欧元，折合人民币才8分钱！

在市场经济条件下，商品的交换在价值规律的作用下进行，实行等价交换，体现公平原则。那么为什么同一架飞机，同样的机组，同样的服务，时间里程也一样，价格居然相差如此悬殊呢？

这里涉及一个商业用语——差别定价。有一种观点认为差别定价就是价格歧视。价格歧视通常指商品或服务的提供者在向不同的接受者提供相同等级、相同质量的商品或服务时，在接受者之间实行不同的销售价格或收费标准。经营者没有正当理由，就同一种商品或者服务，对条件相同的若干买主实行不同的售价，则构成价格歧视行为。但还有另外一种观点认为这是商家正常的销售手段。其实对这一行为，的确你可以说这是一种"歧视""不正当竞争""欺骗顾客""不公平""倾销"行为，也可以说其是一种"优惠""让利""扶持""补贴"行为。

其实，经济学分析可以解释这些现象，并让你识破词语色彩的误导，认识市场定价行为本身的含义。

对于商家而言，实行差别定价的目的是获得较多的利润。如果按较高的价格能把商品卖出去，生产者就可以多赚一些钱。因此，生产者将尽量把商品价格定得高些。但是如果把商品价格定得太高了，又会赶走许多支付能力较低的消费者，从而导致生产者获得的利润减少。如何采取一种两全其美的方法，既以较高的商品价格赚得富人的钱，又以较低的价格把穷人的钱也赚过来，就成了厂商关心的问题。所以"价格"的高低并不是厂商定价时的主要研究对象，切中要害的是"总利润"，即必须锁定具体的顾客，根据其需求特点和对产品价格的敏感程度，探索出一个恰当的价格水平，让总利润达到最大。

举例来说，一本书如果书定价50元，只有非常喜欢的人才会购买，而定价20元，你可以把它卖给大量偶尔使用它的顾客，但是却会失去以高价出售这种产品的收益。如何选择则取决于每一种类型顾客的数量。如果出版商能够计划好，可以先出豪华本，以50元的价格卖出几千册，再出简装本，以20元的价格卖出几千册，那当然最好不过了。这种多版本策略就是多级定价的典型。

实际上，有不少企业推出的产品，其特点都一样或差异很小，只不过它们对这些产品使用了不同的包装并冠以不同的名字而已，其目的就是为了将不同需求的消费者留住。"飘柔""海飞丝""潘婷""沙宣"这些品牌我们都很熟悉，但你知道这些品牌都是属于宝洁这一家公司的吗？也就是说所谓的竞争根本子虚乌有，咱们挑挑拣拣最后还是给同一家公司送钱，这招厉害吧。

某航空公司的副总裁曾道出了差别定价策略的意义："当有人愿意支付400美元买一个座位时，你就不会以69美元卖给他。与此同时，航空公司愿以69美元卖掉一个座位，而不愿让它空着。"

差别定价的前提就是市场分割。如果生产者不能分割市场，就只能实行一个价格；如果生产者能够分割市场，区别顾客，而且要分割的不同市场具有明显不同的支付能力，这样企业就可以对不同的群体实行不同的商品价格，尽最大的可能实现企业较高的商业利润。

使用优惠券可以简单人为地制订群体差异化。如一家超市为本市市民送出优惠券，且规定该优惠券只有与本人身份证一起使用才有效，每张优惠券提供7.5折优惠。这样就把本埠居民与外地居民区分开了。还有一种是按时间段的不同对同一商品实行差别定价。如一些旅游景点的门票价格在淡季和旺季是不一样的，旺季人多，往往会贵一点；又如电影院的日场电影票和夜场电影票的价格也是不一样的；出租车白天、晚上的计价不同……这些都是利用时间段不同进行差异定价的典型例子。

新产品上市之初，将新产品价格定得较高，在短期内获取厚利，尽快收回投资。这一定价策略就像从牛奶中撇取其中所含的奶油一样，取其精华，所以称为"撇脂定价"策略。一般而言，对于全新产品、受专利保护的产品、需求的价格弹性小的产品、流行产品、未来市场形势难以测定的产品等，可以采用撇脂定价策略。例如，圆珠笔在1945年发明时，属于全新产品，成本0.5美元一支，可是发明者却利用广告宣传和求新求异心理，以20美元的价格销售，人们仍然争相购买。

从根本上看，撇脂定价是一种追求短期利润最大化的定价策略，若处置不当，则会影响企业的长期发展。因此，在实践当中，特别是在消费者日益成熟、购买行为日趋理性的今天，采用这一定价策略必须谨慎。

渗透定价则是与撇脂定价相反的一种定价策略，即在新产品上市之初将价格定得较低，吸引大量的购买者，扩大市场占有率。

采用渗透价格的企业无疑只能获取微利，这是渗透定价的薄弱处。但是，由低价产生的两个好处是：首先，低价可以使产品尽快为市场所接受，并借助大批量销售来降低成本，获得长期稳定的市场地位；其次，微利阻止了竞争者的进入，增强了自身的市场竞争力。

对于企业来说，撇脂策略和渗透策略何者为优不能一概而论，需要综合考虑市场需求、竞争、供给、市场潜力、价格弹性、产品特性、企业发展战略等因素才能确定。在定价实务中，往往要突破许多理论上的限制，通过对选定的目标市场进行大量调研和科学分析来制订价格。

适中定价策略既不是利用价格来获取高额利润，也不是让价格制约竞争者来占领市场。适中定价策略尽量降低价格在营销手段中的地位，重视其他在产品市场上更有力或更有效率的手段。当不存在适合于撇脂定价或渗透定价的环境时，公司一般采取适中定价。

当然，差别定价策略并不只有以上所说的这几种形式，只要产品个性化、差异化，便可以利用这种差异给它包装成不同的品牌、不同的系列或者各种各样的组合，以此来实施差别定价策略。

第五节　吉芬商品——警惕越买越涨，越涨越买

这本书的前面，我们讲到了非常重要的需求定律。经济学中所学到的需求理论，是指在其他条件不变的情况下，一种商品的需求量与其本身价格之间呈反方向变动，即需求量随着商品本身价格的上升而减少，随商品本身价格的下降而增加。但是英国学者罗伯特·吉芬19世纪在爱尔兰观察到的一个现象则刚好与之相反。

1845年，爱尔兰发生了灾荒，农产品价格急剧上涨。土豆、奶酪、肉的价格飙升，按照需求理论，价格上升需求量应该下降，事实上奶酪和肉的确是如此，可令人不解的是土豆的销量却一反常态，不仅没有因为价格上涨而滞销，反而销量出奇的高。在其他因素不变的情况下，某种商品的价格上涨不仅不会导致需求减少，反而使需求增加，而价格下跌反而会导致需求减少，简单来说就是越买越涨，越涨越买。后来，为了纪念吉芬，经济学中就把吉芬所发现的这一类违反价格弹性规律的商品称为"吉芬商品"。

为什么土豆会背离需求供给原理呢？因为土豆是生活的必需品，人们活着就必须要吃饭，而肉和奶酪尽管降价，价格还是远远高于土豆。而人们的生活因为饥荒变得恶化，导致收入减少，买不起肉和奶酪，使得廉价的土豆反而占据了餐桌上更大的份额，使得土豆的需求只增不减，价格当然就一路直冲云霄了。

对于吉芬商品，我们也可以这样理解，当两种同类物品的价格同时提高时，吉芬物品的价格提高幅度一般小于另一物品的价格提高幅度，因此导致吉芬物品的相对价格较低，而又由于替代效应的作用使得吉芬物品的需求量增加。由此我们可以得出这样的结论：吉芬物品的替代效应与其相对价格的变化呈反方向的变动规律，与其价格呈同方向的变动，收入效应也与价格呈同方向的变动。也就是说，吉芬商品的价格越高，销量也就越

高。其实在这里供给需求原理并没有失灵，而是特殊情况的特殊现象，当土豆的价格和肉、奶酪基本持平的时候，土豆就不可能再涨了。

生活中的吉芬现象随处可见。近几年来，涨得最快的恐怕就是房价了。房价涨得越疯，买房子的人却反而越多，有钱的人一买就是几套，没钱的人也在想办法购买，有按揭的，有向亲戚朋友借款的，目前实在没有能力买的，就一方面做着发财梦，另一方面勒紧裤带攒钱，希望自己有朝一日也成为有房一族。这是因为：

第一，衣食住行，这是人的最基本生活需要，无论房价涨得多离谱，大家都得勒紧腰带，为自己找寻一块栖身之地；

第二，除了购买商品房，大多数老百姓的确没有什么更好的选择。数量有限的经济适用房、天价的别墅都不是合适的替代品。

因此，商品房价格一路上涨，老百姓对其需求却一直不减反增——大家不得不争先恐后，谁知道明天的房价又将涨多少，而高涨的需求又成为开发商们继续涨价的理由，推动房价一轮又一轮地上涨。

更为重要的是，对于"吉芬商品"的供给者而言，由于涨价不会导致需求下降，即使政府通过宏观调控增加了供给者获取巨额利润的成本，开发商以及炒房者们依然可以通过继续上调交易价格向消费者转嫁成本。在这样的情况下，向消费者转嫁成本简直是易如反掌。最终，以平抑房价为目标的宏观调控政策将全部落空，房价反而涨得更快，受损的还是普通消费者。

那么如何才能解决越来越高涨的房价呢？从吉芬商品产生的条件里就能找到答案：一是提高工薪阶层的收入水平，在工薪买房的贷款政策方面提供更多的支持；二是政府增加经济适用房和廉租住房的供应量。如果老百姓拥有了更多的替代选择，商品房的需求弹性就会上升。这时价格机制就会起作用，一旦价格上扬，消费者的需求就会敏感地下降，卖房者就再也不能肆无忌惮地乱要价了。

第六节　羊群效应——莫做疯狂的旅鼠

战国时，齐桓公喜欢穿紫色衣服，于是所有的齐国人都穿起了紫色衣服。一时间紫色衣服的衣料价格暴涨，一匹紫色布的价格超过5匹素色布的价格。齐桓公为此发愁了。他对管仲说："我喜欢穿紫色衣服，全国百姓都穿紫色衣服，怎么办？"管仲说："主公如果想制止这种局面，为什么不停止穿紫色衣服呢？不仅如此，你还应该对人说：'我非常讨厌紫色染料的气味。'如果有人穿着紫色衣服来见你。你一定要说：'离我远点，我讨厌紫色染料的臭气！'齐桓公说："很好，就这么办。"当天，齐桓公的近臣就不再穿紫色衣服；第二天，国都临淄已没人穿紫色衣服；第三天，整个齐国也找不到一个穿紫色衣服的人了。

这种盲目与跟风现象在经济学上有一个名词叫"羊群效应"，是说在消费的时候人们往往会盲目从众，在集体的运动中会丧失独立的判断。在一群羊前面横放一根木棍，第一只羊跳了过去，第二只、第三只也会跟着跳过去，这时，把那根棍子撤走，后面的羊走到这里，尽管拦路的棍子已经不在了，仍然像前面的羊一样，向上跳一下。

单就消费心理学来说，羊群效应来源于经济学上的相对收入假说。这种假说认为。消费者不是孤立的人，而是社会的人。消费的效用不仅来自个人消费中物质与精神欲望的满足，还来自与别人消费的比较。因此，效用就成了一种主观感觉，消费效用的大小会受到他人消费的影响。

诺贝尔经济学奖获得者加利·伯克尔经常陪太太去餐馆。当时，在加利福尼亚有两家海鲜餐馆。伯克尔发现他太太总有一种非常奇怪的行为，就是在两家餐馆中，她总选座位被占满的那家。而在伯克尔看来，两家餐馆质量完全一样，差别在于，其中一家餐馆人多，而另一家人少得可怜。为什么会出现这种情况呢？

经过细心的观察研究，伯克尔得出了后来获诺贝尔奖的基础理论之一：理性的人们支持他们自己的生活方式，也就是说，是否理性取决于生活的方式……因此，不可能存在一个其行动对于每个人都是理性的行动集。也就是说，消费者对某些商品的需求，取决于其他消费者对这些商品的需求。确实如此，消费者在认识和处理自己的收入与消费及其相互关系时，会和其他消费者相比较。从理论上讲，这里所表现的就是消费的示范效应。这就使我们看到消费者分成了许多群体，有许多消费者自觉不自觉地把自己算在一定的群体内，他的消费向这个群体内的其他人看齐。

在这个经济发达的现代社会，精明的商家们利用羊群效应，潜移默化着人们的经济生活以及消费习惯。当人们看到身边的人购买高档消费品时，尽管自己的收入有限，也可能仿效他人增加自己的消费开支。这就是人们都有的攀比心理，看到别人有什么东西，自己就有想要得到的冲动。但实际上在消费领域陷入羊群效应中可能还并不为过，如果是在投资领域中，就不会是羊空跳一下，引人发笑这么简单了，在投资时候盲目跟风的人，更像是旅鼠。

旅鼠是一种奇怪的生物，他们生存能力很强，繁殖能力非常快，碰到年景好、天敌少的时候，不长的时间就会聚集起非常大的一群，甚至超过了该地区的自然承载能力。这个时候旅鼠就会显示出一种非常强烈的迁移意识，纷纷聚集在一起，渐渐地形成大群，开始时似乎没有什么明确的方向和目标，到处乱窜，就像出发之前的忙乱，正在做着各种准备似的。但到后来，不知是谁一声令下，也不知道是由谁带头，它们忽然朝着同一个方向，浩浩荡荡地出发了。而且往往是白天休整进食，晚上摸黑前进。沿途不断有老鼠加入，队伍愈来愈壮大，常常达数百万只。它们逢山过山，遇水涉水，前赴后继，沿着一条笔直的路线奋勇前进，绝不绕道，更不停止。一直奔到大海，仍然毫无惧色，纷纷跳将下去，被汹涌澎湃的波涛吞没，直到全军覆没为止。

旅鼠自我牺牲的精神可嘉，但是在现实生活里，陷入"羊群效应"而浑然不知，做一只只知道跟着前人奔跑的旅鼠，最后摔得粉身碎骨，不知道变成哪只金融大鳄的盘中餐，这并不让人高兴。

20世纪末期，网络经济一路飙升，".com"公司遍地开花，所有的投资家都在跑马圈地卖概念，IT业的CEO们在比赛烧钱，烧多少，股票就能涨多少，于是，越来越多的人义无反顾地往前冲。2001年，一朝泡沫破灭，浮华尽散，大家这才发现在狂热的市场气氛下，获利的只是领头羊，其余跟风的都成了牺牲者。而传媒经常充当羊群效应的煽动者，一条传闻经过报纸报道就会成为公认的事实，一个观点借助电视节目就能变成民意。游行示威、大选造势、镇压异己等政治权术无不是在借助羊群效应开路。

炒股的时候也是如此，投资大师彼得·林奇有一句名言："假如你在绝望时抛售股票，你一定卖得很低。"当市场处于低迷状态时，其实正是进行投资布局，等待未来高点收成的绝佳时机。不过，由于大多数投资人存在"羊群效应"的心理，当大家都不看好时，即使具有最佳成长前景的投资品种也无人问津；而等到市场热度增高，投资人才争先恐后地进场抢购；一旦市场稍有调整，大家又会一窝蜂地杀出，这似乎是大多数投资人无法克服的从众心理。

盲从是整个人类群体都具有的，虽然我们无法克服掉这一缺点，但是保持审慎的理智仍是必要的。一句名言如此说，知道一个人说谎没有用，关键要知道他为什么说谎。一切的言论都自有其立场，一切的行为都自有其根据，不要被表面上的光鲜亮丽或者破败不堪给蒙蔽了，而要思考你看不到的一面又有着什么。

第七节　天天平价——大超市真的是低价销售吗

王女士一个月之前在沃尔玛购物广场花20元买了一本相册。当王女士再次来时却意外发现，自己先前购买的那种相册突然卖到了25元一本。王女士暗自窃喜，自己买得真划算，可随即又产生了疑问：沃尔玛不是号称"天天平价，始终如一"吗？怎么才1个月的时间，这本相册的价格就涨了这么多？这"天天平价"到底是怎么个平法？

自古以来，为商皆谋三分利。多少钱进就多少钱卖的好事当然不会出现。其实，超市不可能将全部商品都平价销售。商场中仅有一部分商品是零收入甚至是赔钱的，而且还是轮流打折。比如今天食品打折，明天就换成日用品打折，而超市中的其他商品则保持原价不变，很多大超市的销售策略都是这样的。这里面的精妙计算是这样的，便宜货对人的吸引力是很大的，好些人在拿到超市免费派发的宣传海报后，一旦发现一些商品降了价，都很乐意去购买。可是大家想想，大超市什么都有，难免会看见什么就想买什么，又有几个人会专门选择那些平价商品呢？再说，去超市要花车费与时间，既然去了，总该买些其他商品才划算，这便使得各大超市都出现了火爆的销售场面。虽然超市中商品的平均单价降低了，可因为吸引了大量的消费者，总销量便提高了，总的利润不减反增。

如果真的是这样的话，这当然是一种巧妙利用人的心理赚钱的好方法，遇到这种情况没什么好说的，一个愿打，一个愿挨。作为经营者的确应该向那些大超市学习管理、经营的理念，努力降低生产成本，提高产品的质量，进而不断降低产品价格，向消费者提供更多物美价廉的商品，在不断让利于消费者的同时，实现自身利益的最大化。但是在现实生活中，大超市的手段不仅如此，而有的手段就涉嫌坑蒙拐骗，让人无法容忍了。让我们来看一个真实的例子。

有天下班，张燕去一家大超市里，总共就买了四件商品。首先是准备送给一个朋友的一套餐具。当时挑了半天，不知道选哪件好。这时看见了一款打出特价宣传的餐具，于是张燕就问旁边的营业员。营业员就推荐说这套餐具蛮好的，挺划算的。张燕就准备选购这套餐具，因为货架上缺货，还得等服务员去仓库拿货。

在等待的过程中，张燕就去附近看别的商品，于是又选购了一件用在厨房的一排挂钩。小的贵些，大的便宜些，就拿了便宜的、大的挂钩。之后，买了两双袜子。回到卖餐具的地方，提了货就去付款。

付款之后，张燕首先发现的是餐具的价格好像不对，贵了。于是就向收银员提出自己的疑惑。可是收银员说他们只能按照条形码打出来的价格收钱。之后，喊来值班经理，张燕将物品放在柜台，拿着小票和他一起再次走进超市。

此时发现，写着特价的标签已经在他们刚才争执的时间拿掉了。张燕很生气，就质问这位经理。因为刚才这里是有营业员的，并且自己还等她去提货，等了好半天，另外，也是他们的营业员自己说这款商品打特价的。

经理说，这款商品是打过特价，但从今天晚上七点后，就恢复原价了。张燕就质问他，即使恢复了原价，为什么不把特价的牌子拿掉，你这不就是欺骗消费者吗？

在和经理争执的过程中，张燕走到了卖挂钩的地方，对着电脑小票一看，发现挂钩的价格也变高了。于是再次质问这位经理。这位经理看了半天说，这上面的价格不是这款挂钩的价格，还说条形码都不一样。

这种情况在2011年春节前后被曝光于大家面前，家乐福价格欺诈的事件一时间成了大家街谈巷议的话题。发改委也紧急介入调查，并且对家乐福有价格欺诈行为的门店处以最高额50万元的罚款。写到这里我不禁有些失笑，50万元对跨国零售业巨头家乐福来说简直是九牛一毛，让我们来看看美国类似的案例。2010年7月19日，美国主要零售商西尔斯—罗巴克公司承认虚标商品价格以欺骗消费者，同意支付110万美元赔款和诉讼费。注意这里的110万美元包含对于消费者的赔款，而中国的消费者遭遇价格欺诈的时候最多只能按购物额的双倍索赔，这差距有点过大了，也直观地体现出我们国家相关立法的落后。如此缺乏诚信的厂商，就要发现一次不法行为，就让它赔进破产边缘，才能以儆效尤。

最后，给大家介绍几条网络上总结的超市如何实施价格欺诈的招数，大家以后去超市的时候可以多留个心眼：第一，虚构原价，比如销售"某品牌男士全棉横条时尚内衣套装"，价签标示原价每套169元、促销价每套50.70元，经查实原价应为每套119元；第二，低价招徕顾客高价结算，比如销售"某茶壶"，价签标示每套36.90元，实际结算价每套66元。第三，不履行价格承诺，如销售"某普洱茶"，宣传海报标价为每盒60元，实际结算价为每盒120元；第四，误导性价格标示，如销售"特色鱿鱼丝"，销售价格为每袋138元，价签标示时用大号字体标示"13"，用小号字体标示"8.0"，诱导消费者误认为销售价格为每袋13.80元。

第八节　打折——天上掉馅饼喽

在日常生活中，我们习惯了商家的价格大战。卖场无一不以"价格战"作为竞争武器。在降价的狂潮中，商家借打折的名义招揽顾客，看似在"放血"，实则是商家精心设计的陷阱，精巧的心理战，让顾客们以为尝到了甜头，实则是商家满载而归。下面我们就来分析一下时下最常见，也是最好使的促销手段——打折。

首先是代金券方式的打折，举一个小例子方便大家理解。

王女士听说附近的商场搞促销活动，买200元可以返200元代金券，就兴高采烈地跑去购物。最后她选中了一件毛衣，价格是549元。但王女士去付款时，售货员却告诉她，这个品牌的返券力度只是买200元返120元，于是按活动规定只返给了她240元现金抵用券。为什么商家说多少钱就是多少钱呢？这就是万恶的最终解释权了，也就是说商场单方提供的活动规定的有效性由商场享有条款最终解释权，这意味着如果双方一旦对活动内容条款的理解发生争议时，应以商场单方的解释为准。

那么王女士就只有忍了，而且接下来还得再找一件200元出头又不到300元的商品把代金券用掉，于是她又在商场中寻觅了1个多小时。最后选择了一件自己也不是很喜欢的289元的T恤，还要多付给商家49元。

那么让我们来计算一下下面这笔账：一共花费549+49=598元，买到839元的商品，相当于打了7折。这和我们感觉买200元返200元是打5折的感觉差距还是挺大的，精明的商家这次心理战又打赢了。

如果这还算是太阳底下的游戏规则，你只能怪自己看不清，消费者上当只能怨自己没经验的话，下面的这种打折方法就纯粹蒙人了。

郑丹在一家灯饰门市买了两盏台灯，标价是680元，经过讨价还价后，最终以2.3折156元每盏的价格买了下来。享受到2.3折的优惠，郑丹认为得了便宜，自是十分高兴，然而数天后，在市区一灯饰门市发现同一厂家生产的同一款台灯售价仅为73元，郑丹顿时大呼吃亏：花了三十多公里车程的汽油费不算，还花了两倍多的价钱才买来这两盏台灯，真有一种上当受骗的感觉。

这不是有上当受骗的感觉，这就是上当受骗了。许多商家在打折之前，先把原来的价格提高，然后再给你打折。这样一来，有时候打折后的价格甚至比原来的价格还要高。或者是即使比原来的低，但也低不到哪里去，只是在原来价格附近徘徊而已。消费者其实也没少花钱，就是享受个打折的乐趣。

买东西送赠品，也算是一种打折方法。但赠品大都是一些价格低廉的东西，虽然也确实达到了诱惑人的目的……比如买台空调，赠台简易风扇，买台彩电，赠一桶饮料，相信商家也赔不了。不管价值高低，如果赠品是货真价实的商品，也是商家的一份心意，礼轻情意重嘛。可是如果商家在赠送前已经将赠品的价格加上去了，那消费者可就真正成了一只让人随意从身上剪毛的羊了，给羊的草料再多，反正还是"羊毛出在羊身上"。某超市就被人曝光过这种事，一瓶洗发剂20元，一块香皂2元，一瓶洗发剂送一块香皂——22元！

不知道有几个人用过快餐店的优惠券，就是上网直接下载打印，拿去店里就能直接买便宜套餐的那种。表面上看来，这是为了吸引更多的顾客，扩大销售额。但如果真的是这个目的，那为什么不直接降价呢？可见这个答案显然不单纯，其实如果仔细想想，我们不难发现，要获取快餐店的优惠券，总是要花费一定时间和精力的，这在无形中就为商家做了宣传。另外，优惠券能够购买的通常是某种指定的商品组合，而不是随意购买，商家就可以通过这种形式把一些利润高的产品放到组合里来抵去优惠的成本。

在买卖双方中，商家和消费者都是理性的经济人，都会朝着自身利益最大化的方向努力，但是为什么在他们之间的博弈中，消费者总是处于劣势呢？信息经济学的理论认为，这主要是由于双方信息的不对称造成的。

所谓"信息不对称"，就是双方对商品掌握的信息的多少和深入程度不一样。在商家和消费者对商品所了解的信息中，商家总是比消费者要多得多，也就是为什么我们常说"从南京到北京，买家没有卖家精"。一般来说，消费者了解到的只是商品的款式、颜色、大小等外观特点，而对于内部情况，就无法知道得那么细致了，只能通过商家的宣传来了解。你如果要更多地了解商家和商品的信息，就需要付出很高的成本，即使你最后能使自己了解的信息和商家达到对称，也是得不偿失的。另外促销是商家的专职工作，他们一门心思地揣摩消费者的心理，而消费者则不可能一门心思研究商家的行为。在消费者永远弄不清商家的真实信息的情况下，消费者在这场博弈中的败局其实是一开始就已经注定了的。所以我们也不要老是觉得被商家占了便宜就不敢买东西了。不给人家一点利润，人家怎么生存和发展啊！如果商家都是亏本的，那我们以后去哪里买自己喜欢的东西啊！

第九节　炫耀性消费——不求最好，但求最贵

先贴一段大家耳熟能详的段子，来自《大腕》里李成儒经典的演绎：

"一定得选最好的黄金地段，雇法国设计师，建就得建最高档次的公寓！电梯直接入户，户型最小也得四百平方米。什么宽带呀、光缆呀、卫星呀，能给他接的全给他接上，楼上边有花园儿，楼里边有游泳池，楼子里站一个英国管家，戴假发，特绅士的那种。业主一进门儿，甭管有事儿没事儿，都得跟人家说'May I help you Sir'（我能为您做点什么吗）？一口地道的英国伦敦腔儿，倍儿有面子！

社区里再建一所贵族学校，教材用哈佛的，一年光学费就得几万美金。再建一所美国诊所（儿），二十四小时候诊，就是一个字（儿）——贵，看感冒就得花个万八千的！周围的邻居不是开宝马就是开奔驰，你要是开一日本车呀，你都不好意思跟人家打招呼。

你说这样的公寓，一平方米你得卖多少钱？我觉得怎么着也得两千美金吧！两千美金？那是成本！四千美金起，你别嫌贵还不打折，你得研究业主的购物心理，愿意掏两千美金买房的业主，根本不在乎再多掏两千。什么叫成功人士你知道吗？成功人士就是买什么东西，都买最贵的，不买最好的！所以，我们做房地产的口号（儿）就是——不求最好但求最贵。"

这里调侃的就是炫耀性消费。很多时候，我们买一样东西，看中的并不完全是它的使用价值，而是希望通过这样东西显示自己的财富、地位或者其他，所以，有些东西往往是越贵越有人追捧，比如一辆高档轿车、一部昂贵的手机、一栋超大的房子、一场高尔夫球、一顿天价年夜饭——制度经济学派的开山鼻祖凡勃伦称之为炫耀性消费。

在现实生活中，炫耀性商品是为了满足少数高收入者的欲望。商品要想起到炫耀作用，就必须满足两个条件：价格极高和数量极少。而一般情况下只有数量少才能够维持高价格：比如，国际上的劳斯莱斯、宾利、兰

博基尼、阿斯顿·马丁和迈巴赫这类顶尖级品牌的汽车，价格非常高，且限量生产（很多车年产量只有1000辆），并对购买者的社会身份有严格的要求。一旦这些车降为普通车，并不一定能够竞争得过其他普通型车。对于某些特殊的企业来说，高价限产可以实现利润的最大化，而降价多产反而会降低效益，甚至会赔钱。

可以说，在金钱文化的主导下，炫耀性消费已经遍及社会的每个角落，它的表现形式也是无所不有。不仅有钱的开始炫耀，一些工薪阶层也开始迈入这一领域。

工作4年，月薪6000元，报社编辑张敏不过是北京众多小白领中的普通一员，却因为"LV"（路易·威登）标签，在供职的报业大楼里名声大振。"她有3个LV包包！"连不认识的人都知道她爱名牌。其实，每个价值过万元的LV包都让张敏"攒"得很辛苦，用张敏的话说，全是卖字的血汗钱换回来的，一年一个。1980年出生的张敏有她自己独特的消费观念：衣服可以便宜，包包必须是正货。穿一两百元的外贸货，拎价值过万元的LV包，张敏既得意自己的"混搭"风格，又感觉时尚潮流。她毫不掩饰自己对奢侈品的热爱："因为品位就是从细节中体现的，而且我消费合理，攒足钱，不负债。"

恰恰是由于炫耀的存在，财富才能得到不断积累的动力；恰恰是由于炫耀的存在，一个人对拥有财富的满足感才能够折射到另一个人的梦想中去，并转化成一群人追求财富的动力。换言之，从主观上来说，通过炫耀，一个人得到了"追求财富并获得财富"的成就感；从客观上来说，在这个人炫耀性消费的激发下，一群人得到了追求财富的动力。通常而言，有资格炫耀的人是取得较大成功的人，也是拥有大量财富的人。所以从另外一个视角来看，炫耀并不是缺点，它对整个社会起着极大的建设作用。

其一，炫耀性消费对生产有很强的拉动作用。炫耀性消费又可称为"显眼的消费""装门面的消费""摆阔气的消费"，富裕者总是要通过购买一些昂贵的奢侈品或大讲排场、疯狂消费来显示自己的地位,要满足这些富有者的消费欲望,就需要生产昂贵的奢侈品,就要创造可供他们疯狂消费的条件和环境。

其二,炫耀性消费有利于启动市场,拉动消费。消费需求的扩大必然会带来巨大的商机,炫耀性消费更是其中的亮点。

其三,炫耀性消费能增加国家税收,调整储蓄和消费的比重,并有平衡收入差距的作用。炫耀性消费能使相关产业升级和膨胀,高档消费的同时也依法纳税,对拉动经济增长和增加国家税收有一定作用。而且炫耀性消费可以使相对富裕阶层的货币财富积累减缓,也可以给贫困阶层和打工族提供更多的赚钱机会,从而平衡收入差距。

人在不同程度上都有炫耀的倾向,这是人的本性,是不可能被铲除和灭绝的。但炫耀应该选择合适的手段,不一定要穷奢极欲,不必非要靠购买一些炫耀性商品来表示,关键是还要认清消费者自身的身份。消费是要同自身的文化内涵相匹配的,盲目追求炫耀或超出自身经济条件去争取社会认同,这是消费文化不成熟的表现。成熟的消费者往往会根据自己的个性以及对自身形象的预期选择商品,首先看重的是商品所包含的文化内涵或风格属性,而不是商品的含金量或华贵属性。

第十节 信贷消费——花明天的钱,做今天的事

随着改革开放,我国的经济迅速发展,"用明天的钱,做今天的事"这一新的消费观念随着个人消费信贷的全面推广,已渐渐被消费者认识和接受。但从另一个角度来说,在10年前贷款买房还需要考虑考虑,那么现在买房不贷款已经不太可能了,毕竟买不起的人居多。

大家肯定都听过这样一个故事:在天堂门口,一位中国老太太和一位

美国老太太相遇了。上帝让她们各自说出自己一生最高兴的事情。"我攒了一辈子的钱,终于住了一天新房子。我这一辈子活得也不冤啊。"中国老太太高兴地说。"我住了一辈子的房子,在我去世之前终于把买房的贷款还清了。"美国老太太也高兴地说。

那么信贷消费有没有看起来这么美好呢?我们来看看现实中的例子。月收入5000元左右的崔海刚,从银行贷款70万元购得一套100平方米的房屋,为此每月需还贷3700元,占月收入近3/4。崔海刚自从背上了70万元债,就不得不对生活精打细算:和朋友聚会越来越少,超过2元一斤的水果基本不考虑,午餐标准降到10元以下,基本就是盖浇饭或半斤水饺。想到这样的日子要过上30年,崔海刚常常"不寒而栗"。

从西方大多数国家的经验看,在市场经济发展到一定时期。通常会产生消费萎缩导致经济不景气的问题,采用个人消费信贷的方法能有效地解决这个难题。由此来看,个人信贷消费是引导消费、扩大内需,推动经济发展的一项良好举措,值得我们在国内消费需求不足的今天大力提倡。然而,与信贷消费相伴而来的负面影响,也需要我们时时警惕。年轻人之所以有这种超前消费的意识和勇气,是因为他们对生活还抱着太多的憧憬,他们对自己还抱着过度的自信。但是经济发展风云莫测,偶然的加息可能会加重他们的负担,而等到有一天,月供的压力把他们逼得再也潇洒不起来,甚至要面对供不起楼的惨状时,也许他们才会意识到,脚踏实地地生活才是真正意义上的潇洒。

其实在市场上,消费信贷并非只有大额消费信贷,信用卡信贷的问题也在很早以前就在美国浮出了水面。信用卡在1950年出现在美国,最早是记账的俱乐部式卡片。后来随着银行信用的介入,逐渐转变为以银行信用为特征的信用卡。并被人们广泛应用,尤其是近几年,这种"先消费、后付账"的模式越来越火。在拉动内需、刺激经济发展的同时,也激发了虚假经济、经济泡沫的产生。而它对金融危机全面爆发所起的"推波助澜"

的作用，更是让人们惊恐不已。

就信用卡在美国的发展现状来看，伴随着经济的长期繁荣，美国的信用卡业务一直增长。3亿美国人中有半数以上的人都在使用信用卡，人均持卡量超过5张。而且，据估计有14%的人拥有至少10张信用卡。日常生活中，几乎任何费用都可以通过信用卡来支付，如果一张信用卡消费额度以2000美元计算，按照7.5亿张信用卡来算，也就是1.5万亿美元的消费额度，即1.5万亿美元的消费负债，而且这个数字的估算还是比较保守的。

在次贷危机发生以前，美国信用卡的坏账率差不多是5%，这个比率已经很让人担心了，到2010年6月，坏账率已经飙升到12%。这个数字所带来的经济损失是惊人的。据以往的信贷史表明，消费者信用卡违约常常在房屋抵押贷款违约之后。因为房子已经抵押给银行了，银行至少已经拿到了首付或者把房子收回来了，而信用卡却没有任何抵押物品，也就没有任何保障。这就造成当消费者陷入经济困境时，最先想到的往往就是拒付信用卡账单。并且，消费者一旦申请了破产保护，信用卡债务在法律程序上也是最先被抛弃的。换个方式说，信用卡持有者的抵押物是信用，一旦他们想放弃自己的信用，就可以在一定时间内大肆刷卡挥霍而不顾自己的偿付能力。

所以在次贷危机爆发之后，美国人最担心的是信用卡危机。信用卡是建立在消费者个人信用和支付能力之上的，同时也体现出发卡机构对未来经济前景看好的希望，但是如果经济前景不乐观，尤其是在金融危机的背景之下，哪个行业都不景气，投资的效果也就不好，消费者的支付能力降低，信用度也同样降低，那倒霉的就是银行了。

特别是在美国的失业率不断攀升的情况下，越来越多的人选择用信用卡来维持生活。以至于2009年，美国最大的信用卡公司——运通公司就曾经发了一个公告，这个公告表示，如果持卡人能够把自己的欠账还清，它就赠送300美元的储蓄卡，当然这个前提是持卡人必须把这张信用卡注销。这代表着什么呢？信用卡公司不得不以金钱的诱惑去鼓励人们把卡注销掉，由此可以看出美国所面临的信用卡危机有多么严重。中国正在走向繁荣的过程中，前车之鉴，后事之师，我们没有理由再重复一遍美国的错误。

消费信贷的产生和存在是社会生产发展和人们消费结构变化的客观要求，在一定程度上可以缓和消费者有限的购买力与不断提高的生活需求之间的矛盾，对开拓销售市场，促进生产和流通有积极作用。但是，消费者对未来购买力的超前预支，往往会造成一时的虚假需求，掩盖生产与消费之间的矛盾。次贷危机的真正根源绝非传统意义上的生产过剩，而是消费过于超前，把房卖给了一大批本身就买不起房的人，这不得不令我们警醒。

第三章
经济学指标——数值化的世界

经济学里会用很多指标来衡量发展水平、判断经济体是否健康发展、给予投资者可以参考的信息，等等。但这些指标成了普通人学习经济学的一大障碍：就经济学原理说来好懂，因为在生活中我们考虑问题、衡量利害的时候就是这样考虑的；但是经济学指标对许多人来说就如同天书所载，本来就是零基础，再碰上各种缩写，更是乱上加乱。本章的主旨就在于向大家介绍一下常见、常用、常聊的经济学指标，目标就是让你迅速地看懂财经节目，迅速地成长为一名经济学"侃爷"。

第一节　生活费用指数——哪个城市适合生活

不知道读者有没有想过，在自己现在的城市生活下去需要多少钱呢？盘算一下这笔账，虽然又体验了一把世道艰难、生活艰辛，但还是挺有趣的。比如在北京的月消费支出，房租6469元（数据来源：58同城、安居客发布的2021年《9月重点城市租房趋势报告》），水电燃气费用200元，交通费约200元（有班车的可免，不含出租车费），通信费约100~200元（各人不同，200元比较平均），餐费约800元（未算公司有免费工作餐及请客）。大致上，在北京每月消费接近8000元。以上成本均以没有女朋友、基本不生小病、基本拒绝朋友聚会、极少吃水果、从不碰锅碗瓢盆的单身男性为标准计算。

在大城市生活不易啊，于是逃离"北上广"成了众白领间的流行，大家纷纷前往各个省会、县城。那么，你是否知道要维持你在北京时的生活水平不降低，可以省下多少钱呢？

在经济学上，衡量这种情况的指标就是生活费用指数。生活费用指数是在不同的时间和地点，消费者为了达到相同的效用（或者福利、生活标准）水平所需要的最小支出之比。基本构建方法是，事先设定某一效用水平，分别计算出消费者在报告期和基期为达到该效用水平所需要的最小支出，将二者相除就得到生活费用指数。

打个比方说，同样的生活水准，在北京过一个月需要4000元，在县城需要2000元，假如把县城的生活费用指数定为1，那么北京的生活费用指数就是2了。当然生活费用指数的前提是消费者的行为是理性的，在价格发生变化的情况下，消费者会调整自己的消费行为和消费模式，达到消费行为的最优化。

北京的消费不便宜，莫急还有更贵的。在东京乘地铁要花3.25美元，要是顺手买份报纸，喝杯咖啡，11.7美元会迅速从你口袋里消失。相同的东西，在东京的价格要比纽约贵24%，这还是很多年前的数据了。

全球老牌私人银行瑞士宝盛（Julius Baer）于2021年4月9日发布《2021年全球财富和高端生活报告》，显示上海和东京已跃居至全球最昂贵的生活城市，而我国香港紧随其后。

第二节　负担系数——人口红利的十字路口如何转弯

负担系数也称抚养系数、抚养比，是指人口总体中非劳动年龄人口数与劳动年龄人口数之比，用百分比表示。它表明，从整个社会来看，每100名劳动年龄人口负担多少非劳动年龄人口。负担系数可分为总负担系数、少儿负担系数和老年负担系数。14周岁及以下和65周岁及以上也可能有人参加劳动，15~64岁的劳动年龄人口中也可能有人实际未参加劳动。上述指标只是根据年龄划分来计算的，并不一定反映实际抚养与被抚养的比例，故又称为年龄负担系数以区别经济负担系数。

总负担系数的计算公式为：总负担系数=[（小于14岁人口数+65岁以上人口数）/15~64岁人口数]×100%。

总负担系数为少儿负担系数与老年负担系数二者之和。少儿负担系数和老年负担系数所反映的负担性质不同。一般来说，少年儿童尚未成为劳动适龄人口，社会和家庭为他们的成长必须付出一定的费用。如他们中途夭折，社会对他们的付出就无法收回。负担老年则不同，除个别人外，他们都已为社会做出一定的贡献，他们享用的部分实际上是他们过去劳动的扣除。因此，如分别计算少儿负担系数和老年负担系数，可以反映人口年龄结构变化对社会经济发展带来的某些影响。

查一下统计年鉴可以查到1980年世界平均总负担系数是71.2，1999年时为60.0。我国1980年的总负担系数为67.4，1990年时为57.6，1999年时为47.9，呈现出一种下降的趋势，但是这种下降是计划生育的必然结果，因为低于14岁的儿童人口增长受到了极大的限制。然而，随着老龄化人口的增多，这种趋势已经在发生逆转。

中国历史上以大家庭为幸福目标，四世同堂是非常受推崇的理想状态，但是只能说那个时候没有晚婚晚育，计划生育，否则肯定负担不起。一对夫妇需要负担四个老人、一个孩子的生活，四世同堂的负担就更重了。这就是现在的家庭越来越趋向小型化的原因。

《中国人口老龄化发展趋势预测研究报告》指出：21世纪的中国将是一个不可逆转的老龄化社会。到2050年，我国老年人口规模将达到峰值4.37亿人。同时，联合国预测，21世纪上半叶，我国将一直是世界上老年人口最多的国家，占世界老年人口总量的1/5；下半叶，我国将仅次于印度位居第二老年人口大国。这部分人口的赡养无论是通过什么途径，家庭也好，社会福利也罢，都是要压在80后以及逐渐进入社会的90后身上的，他们的负担也将越来越重。

既然说到这里就不得不提到另外一个现在很红的名词——人口红利。所谓"人口红利"指的是在一个时期内生育率迅速下降，少儿与老年抚养负担均相对较轻，总人口中劳动适龄人口比重上升，从而在老年人口比例达到较高水平之前，形成一个劳动力资源相对丰富，对经济发展十分有利的黄金时期。为了便于分析，经济学家常把总抚养比小于50%称为人口红利时期。进入人口红利时期为人口机会窗口打开，退出人口红利时期为人口机会窗口关闭。而人口总抚养比超过60%时为"人口负债"时期。

咱们国家是从1999年前后进入人口红利期的，可以说近几十年中国经济成功的基础就是20世纪六七十年代积攒下来的人口红利，庞大而且低廉的适龄劳动力才能推动中国外向型经济的巨轮，把中国打造成了世界的加工厂。但是凡事有始必有终，人口红利无法永远享用下去。

随着九年制义务教育的实施，以及人民生活水平的提高，劳动力培养所需要的投入也大幅度增加，这使得劳动力对其工作性质和工作报酬有了更高的期待。改革开放之初，沿海开放地区的许多市民宁肯赋闲在家也不愿上生产线打工的现象，如今也出现在许多新转变为城市人口的原农民家庭以及部分仍旧居住在农村的富裕农民家庭。这样一来，传统意义上的所谓民工，其来源再度缩水。

年轻劳动力供给减少，民工荒实属必然。中国享受了二十多年的人口红利即将枯竭，我国将面临剩余劳动力短缺的重大转折，急需把经济增长转到提高劳动生产率上来。转型中的中国，不知将出现多少难以预料的情况，一方面，需要对那些宏大的预言心存警惕，另一方面，则呼唤扎实的社会科学研究的出现，并在此基础上制订真实有效的发展战略。这或许就是民工荒给予我们的警示吧。

第三节　国内生产总值（GDP）——高了为什么也有人质疑

GDP怕是我们最熟悉的经济指标了，中国经济的辉煌之处就在于数十年来不低于8%的GDP增长率，但是在人们眼里，中国唯GDP的政策导向也把中国带向了一个贫富差距过大、幸福感与发展水平不相适应的社会，也引来了不少对GDP的戏谑之辞，比如下面这个笑话。

一天饭后散步的路上，两位年轻的经济学家突然发现前面的草地上有一堆狗屎。甲就对乙说，如果你能把它吃下去，我愿意出5000万元。5000万元的诱惑可真不小，吃还是不吃呢？乙掏出纸笔，进行了精确的数学计算，很快得出了经济学上的最优解：吃！于是甲损失了5000万元，当然，乙的这顿加餐吃得也并不轻松。

两个人继续散步，突然又发现了一堆狗屎，这时候乙开始剧烈反胃，而甲也有点心疼刚才花掉的5000万元。于是乙说，你把它吃下去，我也给你5000万元。于是，不同的计算方法，相同的计算结果——吃！甲心满意足地收回了5000万元，而乙似乎也找到了一点心理平衡。

可突然，两位青年同时号啕大哭：闹了半天我们什么也没得到，却白白吃了两堆狗屎！他们怎么也想不通，只好去请他们的导师，一位著名的经济学泰斗给出解释。听了两位高徒的故事，没想到泰斗也号啕大哭起来。好不容易等情绪稳定了一点，只见泰斗颤巍巍地举起一根手指头，无比激动地说："1亿啊！1亿啊！我亲爱的学生，感谢你们，你们仅仅吃了两堆狗屎，就为国家的GDP贡献了1亿元的产值！"

两堆狗屎加两个笨蛋等于1亿元的GDP，这真是滑天下之大稽的事情。那么这么算究竟有没有错呢？GDP也就是国内生产总值，通常定义为：一定时期内（一个季度或一年），一个国家或地区的经济中所生产出的全部最终产品和提供劳务的市场价值的总值。也就是说，如果甲看乙吃狗屎产生了一种变态的愉悦感，他愿意为之付出5000万元的代价，那么这笔交易是应该被计入提供劳务的市场价值，也就是我们一般意义上的第三产业，而被计入当年度的GDP的。

在经济学中，GDP常用来作为衡量该国或地区的经济发展综合水平通用的指标，这也是目前各个国家和地区常采用的衡量手段。GDP是宏观经济中最受关注的经济统计数字，因为它被认为是衡量国民经济发展状况最重要的一个指标。一般来说，国内生产总值有三种形态，即价值形态、收入形态和产品形态。从价值形态看，它是所有常驻单位在一定时期内生产的全部货物和服务价值与同期投入的全部非固定资产货物和服务价值的差额，即所有常驻单位的增加值之和；从收入形态看，它是所有常驻单位在一定时期内直接创造的收入之和。GDP反映的是国民经济各部门增加值的总额。

GDP是最常用的经济指标。经济学大师萨缪尔森就认为，GDP是20世纪最伟大的发明之一。他将GDP比作描述天气的卫星云图，不仅可以提供经济状况的完整图像，还可以帮助领导者判断经济是在萎缩还是在膨胀，是需要刺激还是需要控制，是处于严重衰退还是处于通货膨胀威胁之中。如果没有像GDP这样的总量指标，政策制订者就会陷入杂乱无章的数字海洋而不知所措。

但是GDP的统计也有其局限所在，一般来讲有以下三点：

一是GDP不核算家庭为自己提供的没有报酬的家务劳动，不能完全正确反映社会的劳动的成果。也就是说在社会上的很大一部分劳动是没有计入GDP的，比如做饭、洗衣服、带孩子、打扫房间这些活动。

二是GDP不能反映经济增长对资源环境所造成的负面影响和资源消耗的代价。也就是说GDP无法衡量增长的代价，不能度量因环境变坏所付出的社会成本。这个问题简单来说是这样，你家玻璃好好在那，是不会产生一毛钱的GDP的，如果有个浑小子给你打烂了，那么你就要去再买一块新的，这对资源、能源都是一种无谓的浪费，但是各种社会部门都因为这个运转起来，这就产生了GDP了。

三是人均GDP还掩盖了收入差距，不能反映财富分配的公平性，不能综合反映人均生活质量，不能衡量快乐、幸福等价值判断。这个更好解释，这个世界有10个人，总财富值有100元，每人10元，虽然不多但也能维持生活。这时来了一次经济的大起飞，财富总值飙升到了200元，就GDP而论，这可是100%的增长率。但是财富分配的时候一号居民一个人就拿了191元，而剩下了9个人每个人只剩了1元，这种巨大的收入差距，从GDP中无法体现出来。

为了正确衡量我国的经济总量并正确引导经济增长方式，我国正在积极推行绿色GDP的计算方法。绿色GDP是指一个国家或地区在考虑了自然资源（主要包括土地、森林、矿产、水和海洋）与环境因素（包括生态环境、自然环境、人文环境等）影响之后经济活动的最终成果，即将经济活动中所付出的资源耗减成本和环境降级成本从GDP中予以扣除。改革现行的国民经济核算体系，对环境资源进行核算，从现行GDP中扣除环境资源成本和对环境资源的保护服务费用，其计算结果可称为"绿色GDP"。

从经济学来分析最正确的态度是，要全面客观地看待GDP这一宏观经济指标，在强调它重要作用的同时，也要看到它的局限性；在看到它的不足时，同样不能苛求它，不能因为它的局限性而贬低它的作用，而应正确地理解和使用它。

第四节　菲利普斯曲线——失业率与通货膨胀的跷跷板

菲利浦斯曲线是用来表示失业与通货膨胀之间替代取舍关系的曲线，是由新西兰统计学家威廉·菲利普斯于1958年在《1861~1957年英国失业和货币工资变动率之间的关系》一文中最先提出的。此后，经济学家对此进行了大量的理论解释，尤其是萨缪尔森和索洛将原来表示失业率与货币工资率之间交替关系的菲利浦斯曲线发展成为用来表示失业率与通货膨胀率之间交替关系的曲线。

自凯恩斯开始，保持物价稳定和充分就业，达到既无通货膨胀、又无失业的境界，一直是西方各国的梦想。但可惜的是，无论经济学家如何煞费苦心经营，他们也没能帮助政府梦想成真：失业和通货膨胀依旧不稳定。失业与通胀之间就像"跷跷板"的两端，压下这端，另一端便翘得老高；压低那头，这头又居高不下，表明这种失业与通货膨胀交替关系的曲线就是菲利普斯曲线。

1958年，菲利浦斯根据英国1861~1957年失业率和货币工资变动率的经验统计资料，提出了一条用以表示失业率和货币工资变动率之间交替关系的曲线。这条曲线表明：当失业率较低时，货币工资增长率较高；反之，当失业率较高时，货币工资增长率较低，甚至是负数。根据成本推动的通货膨胀理论，货币工资可以表示通货膨胀率。因此，这条曲线就可以表示失业率与通货膨胀率之间的交替关系，即失业率高表明经济处于萧条阶段，这时工资与物价水平都较低，从而通货膨胀率也就低；反之失业率低，表明经济处于繁荣阶段，这时工资与物价水平都较高，从而通货膨胀率也就高。失业率和通货膨胀率之间存在着反方向变动的关系。

那么，为什么通货膨胀与失业之间会存有此消彼长的关系呢？我们可以举个简单的例子来说明：假定我国劳动生产率每年可以递增2%，所以，当工人工资增加2%时，并不会使产品成本增加，也就不会致使物价上涨，即物价变动率为零。但当工资上涨超过2%以后，人们的购买力增强，消费见长，就会引起物价相应地上涨。即如果工资增加超过生产率的增加，那物价就会上涨。当然，工资的上涨，就意味着对劳动力需求的增加，失业率减小，反之亦然。由此可见，失业率与物价之间的变动率之间有着此消彼长的"交替换位"关系。

对我国而言，菲利普斯曲线并不是规则的，我国经济并不能完全反映该效应。其原因可以归纳为三点：

第一，市场经济条件不同于西方国家。传统菲利普斯曲线阐述的是西方市场经济条件下通货膨胀率与失业率之间的关系，并不能完整反映处于经济转轨适应期的我国的情况。

第二，工资、价格决策机制和主体不同。西方在价格、工资、就业方面，主要由微观决策机制所决定，厂商和工人都是市场经济主体，产品价格、工资大都是由厂商和工人根据市场预期和供求关系所决定。而在我国，价格、工资并不完全由市场调节，支撑我国经济的国有企、事业单位人员工资浮动的基本上还是靠国家宏观调控。另外重要一点的就是我国劳方还没有成立能与资方在谈判桌上一较高下的组织,你看赫赫有名的NBA球员因为薪资问题说停摆就停摆,一停摆就好几个月,这背后球员工会做了大量的工作。

第三,整个世界经济的复杂度激增,经济全球化使得许多国家通货膨胀已经无法跟失业率高低挂钩。比如近年来因为材料价格、农副产品上涨、进口中间品成本上升引致的成本推动型通货膨胀,以及外汇储备增长过快引致的流动性过剩压力,才是构成我国通货膨胀,物价上涨的主要原因。

并且,传统菲利普斯曲线政策导向也并不适合我国国情。主要原因有两点。其一,失业问题尖锐且敏感。据统计,我国现有的就业条件每年只能提供1100万个左右就业岗位,根本无法解决年均2400万人的就业问题。劳动力大面积供过于求,是长久以来的重大社会问题。如果提高通货膨胀率来降低失业率,使通货膨胀率的上涨浮动超过了工资的上涨浮动,后果将是抑制总需求,使我国转向以扩大内需为主导的经济发展战略难以实现,同时还会增加企业生产成本,从而减少投资和总供给,产生经济衰退的后果。其二,我国失业率与通货膨胀率并不存在严格意义上的长期稳定替换关系。20世纪90年代末以职工下岗为主要的失业现象,是政府对国有企事业单位进行改革调整的结果。目前的失业主要是产业结构调整过程中出现的结构性失业和摩擦性失业,以及国际贸易摩擦对我国出口行业的冲击所造成的,与通货膨胀并无多大关系。

第五节 消费者物价指数——"豆你玩""蒜你狠""姜你军"

在北京常坐出租车的都知道,北京的哥能侃,上知天文,下通地理。

第三章 经济学指标——数值化的世界

前几年咱们国家没什么事的时候,的哥喜欢侃小布什、本·拉登,这两年咱自己事多了,也顾不上别人了,就开始聊柴米油盐,特别是汽油涨价。连的哥都在给你讲笑话"咱可能跑不过刘翔,但一定要跑过CPI"的时候,你就知道CPI有多深入人心,这涨价的事儿大家有多关注了。

CPI全称为消费者物价指数,是Consumer Price Index的英文缩写,跟CPI对应的还有个PPI,是原料产品物价指数,不过这个跟日常生活有点儿远,暂时先不谈。CPI能够反映与居民生活有关的产品及劳务价格统计出来的物价变动指标,涵盖生活必需品,如食物、新旧汽车、汽油、房屋、大学学费、公用设备、衣服以及医疗的价格。此外,消费者物价指数也混合一些生活享受的成本,例如体育活动的门票以及高级餐厅的晚餐。

CPI通常作为观察通货膨胀水平的重要指标。例如在过去12个月,消费者物价指数上升2.3%,那表示,生活成本比12个月前平均上升2.3%。当生活成本提高,我们手里的现金价值便随之下降。那么,一年前收到的一张100元的纸币,今日只可以买到价值100/(1+2.3%)元的货品及服务。

网友曾经很无奈地说:我想买房,结果房价涨了;我想买车,结果油价涨了;我想买点肉吃,结果猪肉价涨了;那我吃方便面总可以了吧?结果方便面也涨价了。在所有的涨价中,恐怕食品涨价对普通人的影响最大,其痛也最深。

食品的价格上涨导致我们吃饭的花费大幅上涨。例如猪肉价格上涨26%,蛋类价格上涨37%,也就是说你每吃一斤肉就要多付26%的钱,吃一个鸡蛋就要多付37%的钱。倘若这种情况没有得到改善,反而进一步加剧,每一个老百姓吃饭的花费平均增加了50%,也就是说,你一日三顿,不管是早点、中餐还是晚饭,你每吃一顿饭就得多付50%的钱。

然而,50%的吃饭费用的上升没有直接反映在CPI里面,为什么?因为CPI是我们所有用到的消费品价格的综合指数,刚才我们说到的2.3%代表所有消费品价格的增长，其中包括电器、住房等。所以真正重要的指标不能从整体去看，要单个来看，看肉价上升多少，大米价格上升多少，食用油价格上升多少，不要被CPI忽悠，CPI并不能如实反映你日常生活费用的增长。物价的上涨并非对所有人的影响都是一样的，这跟每个人的消费偏好有关系。必须要从自己的消费习惯出发，才能知道涨价对自己生活的影响程度。

社会上，收入水平和消费水平的不同导致了对价格上涨感受的不同。改革开放以来，我国的国民经济有了巨大发展，人民生活水平也有了极大提高，但高收入者毕竟只是少数，绝大多数城乡居民收入水平和消费水平还不高。一般来说，收入水平和消费水平的高低会造成对价格指数感受的差异。高收入者消费水平高、消费内容广，对价格上涨的承受能力强；反之，低收入者消费水平低、消费面窄，收入主要用于吃、穿、医疗和子女的教育等方面，对价格上涨的承受能力低。近年来，一些生活必需品不断涨价，因此低收入者居民对此更敏感，感觉实际消费价格上涨的幅度应该比公布的CPI数据高。

不仅如此，一般人还有一种很特殊的心理，就是失去的比较疼。从地上捡10块钱带来的快乐，远远小于自己丢了10块钱带来的痛苦。所以市场降价的时候，咱们一般都一笑而过，反而涨价的痛会长留心间。就像很多年前，食品价格走低的时候，手机、彩电价格高涨，大家都盯着手机、彩电；这几年食品价格走高，但是同档次的手机、彩电成了白菜价了，就都开始关注猪肉、鸡蛋了。

真正的民生话题，确实是和柴米油盐、家长里短息息相关的。解决好这一问题，才算是真正的执政为民。

第六节　消费者信心指数——真的猛士，敢于直面惨淡的危机

经济学归根结底是研究人的经济行为的学科，所以无法摆脱心理作用对人的影响。消费者信心指数表示的就是人们对于未来的信心如何，来看下面的一个例子。

"2009年7月1日亚市早盘，美元指数在经历了隔夜尾盘的止跌回升后，暂时稳于80.00关口上方。由于上一个交易日美国最新公布的经济数据没能进一步支撑市场的乐观情绪，特别是6月消费者信心指数的再度回落，消费者对目前经济和就业形势以及未来经济和就业前景的看法仍然十分悲观，受此影响，美元再度受到投资者避险买盘的抬升进而走高，不过涨幅有限。"

消费者信心指数是指消费者根据国家或地区的经济发展形势，对就业、收入、物价、利率等问题进行综合判断后得出的一种看法和预期；也是反映消费者信心强弱的指标，是综合反映并量化消费者对当前经济形势评价和对经济前景、收入水平、收入预期以及消费心理状态的主观感受，预测经济走势和消费趋向的一个先行指标，是监测经济周期变化不可缺少的依据。

消费者信心指数由消费者满意指数和消费者预期指数构成。消费者的满意指数和消费者预期指数分别由一些二级指标构成：对收入、生活质量、宏观经济、消费支出、就业状况、购买耐用消费品和储蓄的满意程度与未来一年的预期及未来两年在购买住房及装修、购买汽车和未来6个月股市变化的预期。

"二战"结束初期，随着美国经济的逐步复苏，美国国民的收入和消费发生了很大变化。经济学界一度比较担心，战后的一段时期里美国将会出现20世纪30年代大萧条时的那种紧缩和失业状况。但是实际情况却与政府和学界的意料大相径庭。与经济学界的担忧不同，消费者显示出了

对未来经济发展的极大信心，突出表现就是他们将不断增长的收入投入消费，社会总需求迅速扩大。消费大增的同时储蓄率从1946年第一季度的11.7%，降低到1947年第二季度的2.2%，这是美国50年来纪录的最低点。旺盛的需求使1946年美国经济不仅没有衰退，相反却面临着通胀的压力。由此，经济学界开始关注消费者的经济行为与宏观经济进程的关系。诺贝尔奖获得者劳伦斯·克莱因在谈到1946年美国经济预测出现的失误时认为，"显而易见，预测失误在于预测中没有考虑到消费者的预期……"并提出需要改进预测模型，减少外生变量，除了增加消费者的收入信息外，还需要有决定消费者的消费——储蓄决策变化的经济和心理因素的信息，以增强预测模型的动态解释能力。这就是消费者信心指数开始进入人们视野的契机。

从国外五十多年来理论研究和实践来看，消费者的信心与重要的宏观经济指标之间存在密切联系，对未来的整个经济发展趋势有相当的预见性，是宏观经济中的一个重要的先行指标。1997年12月，我国统计局经济景气监测中心开始编制中国消费者信心指数。北京于2002年初率先建立了消费者信心指数调查制度，并进行了试运行。相关专家对调查办法、调查项目以及指标计算办法等方面进行了评估和论证。从该指数编制和调查的结果来看，其与北京市的经济发展趋势是基本吻合的，与国家统计局中国经济景气监测中心发布的全国消费者信心指数的趋势也是一致的。

2021年11月21日，北京师范大学发布《2021网购消费者信心指数调研报告》，结果表明，中国网购消费者的信心指数趋势向好，正在温和上涨，同时，国货品牌在当代网购消费者中的认知度和认可度也在不断提升。我们有理由相信，我们的生活必将更美好。

第七节 国民生产总值（GNP）——N和D有什么不同？

上文讲了GDP，这节讲讲经常被搞混的它的兄弟GNP。GNP的计算进入经济学界的视野，开端于1929年爆发的那次空前绝后的世界性经济危机。"大萧条"对世界经济的摧残程度如同是向市场投下了一颗原子弹，可奇怪的是，当危机爆发之时，人们却浑然不知。当时的美国总统胡佛甚至认为经济形势正在转好。当然我们没有理由嘲笑当时的人们无知，因为当时除了苏联统计机构有尚不完善的国民经济平衡表之外，有关国民经济的统计几乎是空白，所以人们当然不知道经济形势已经坏到什么地步。

这次危害巨大的经济危机终于引发了人们对国民经济状况进行了解的渴望。于是，美国参议院财经委员会委托西蒙·库兹涅茨，建立一系列用来统计核算一国投入和产出的指标，由此发展出"国民收入账户"。这就是国民生产总值GNP的雏形。1933年，当1929~1932年的国民收入统计资料公开时，人们才发现这次经济危机竟是这么可怕。

国民生产总值也称国民生产毛额、本地居民生产总值，是指一个国家（地区）所有常驻机构单位在一定时期内（年或季）收入初次分配的最终成果。一个国家常驻机构单位从事生产活动所创造的增加值（国内生产总值）在初次分配过程中主要分配给这个国家的常驻机构单位，但也有一部分以劳动者报酬和财产收入等形式分配给该国的非常驻机构单位。同时，国外生产单位所创造的增加值也有一部分以劳动者报酬和财产收入等形式分配给该国的常驻机构单位，从而产生了国民生产总值概念。它等于国内生产总值加上来自国外的劳动报酬和财产收入减去支付给国外的劳动者报酬和财产收入的差。

举例子来说，可口可乐在我国的分公司所获得的利润就要计入美国的GNP，而不能计入我国的GNP；而华为在美国公司所获得的利润就会计入我国的GNP，而不会计入美国的GNP。

这里需要强调的一点是，一国的国民，就是有着本国国籍的人，无论他身在何地，所创造的价值都要计入本国的GNP，这和GDP强调的地域性有着很大的区别。GDP强调的是创造的增加值，它是"生产"的概念，GNP则强调的是获得的原始收入。所以GNP才能更真实地反映一国国民的生活水平。

可是，在我们国家，人们常常把GDP和GNP搞混，为什么会这样呢？原因很简单。中国的外资企业太多了，而发达的资本主义国家在其他国家的企业很多，在本国内的企业相对较少，一旦用GDP来核算，那么中国的数据就和发达国家的差距缩小了。

比如，美国的GDP=美国的GNP+外资在美国的生产总值–美国国民在外国的生产总值；而我国的GDP=我国的GNP+外资在我国的生产总值–我国国民在外国的生产总值。对比上述两个公式，显然，外资在美国的生产总值很小，美国国民在外国的生产总值很大；而外资在我国的生产总值很大，我国国民在外国的生产总值很小，这样一来，我国的GDP就和美国的GDP很接近了。

根据分析目的不同，通常国际社会对GDP和GNP这两个指标均给予不同程度关注。在分析各国的经济增长时，一般更关注GDP，在分析各国贫富差异程度时，一般更关注GNP或者人均GNP。例如，国际货币基金组织通常根据黄金与外汇储备、进口额、出口额占GDP的比例等因素来决定一个国家的基金份额，进而决定一个国家在基金组织中的投票权、特别提款权及向基金借款的份额。而联合国则根据一个国家连续六年的GNP和人均GNP来决定该国的联合国会费，从而决定该国承担的国际义务和享受的优惠待遇等。

所以，对于GDP和GNP两个指标，我们不能简单地认为哪一个指标更好或哪一个指标更差，两者都有各自的用途，在分析常住者的生产成果时使用GDP，在分析常住者的总收入时使用GNP。

第八节　股票指数——道琼斯、纳斯达克、上证……

在中国，股票已经深入人心，炒过的自不必说，即使没炒过的，对所谓的3000点、6000点也不会陌生。那么为啥6000点的时候股市就"牛"了，大家欢天喜地；到了3000点的时候股市就"熊"了，大家脸上笑容全没了，都在盘算着小九九怎么割肉不会疼晕过去。这就要涉及下面我们将讲到的股票指数了。

股票价格指数就是用于反映整个股票市场上各种股票市场价格的总体水平及其变动情况的指标，简称股票指数。它是由证券交易所或金融服务机构编制的表明股票行市变动的一种供参考的指示数字。

大家都知道股票有风险，不然你看所有的财经节目都要加一行小字，"炒股有风险，入市需谨慎"。正是因为必须冒着风险来挣钱，所有的投资者们都对信息求知若渴，但是一个人精力有限，对于具体某一种股票的价格变化，投资者容易了解，而对于多种股票的价格变化，要逐一了解，既不容易，也不胜其烦。然而市场则并不体恤投资者，市场上的风吹草动都将牵一发而动一身，这就要求投资者对股票市场的全局有一定的了解。为了解决这一矛盾，一些金融服务机构就利用自己的业务知识和熟悉市场的优势，编制出股票价格指数，公开发布，作为市场价格变动的指标。投资者据此就可以检验自己投资的效果，并用以预测股票市场的动向。同时，新闻界、企业界乃至政界领导人等也以此为参考指标，来观察、预测社会政治、经济发展形势。

这种股票指数，也就是表明股票行市变动情况的价格平均数。编制股票指数，通常以某年某月为基础，以这个基期的股票价格作为100，用以后各时期的股票价格和基期价格比较，计算出升降的百分比，就是该时期的股票指数。投资者根据指数的升降，可以判断出股票价格的变动趋势。

并且为了能实时地向投资者反映股市的动向，所有的股市几乎都是在股价变化的同时即时公布股票价格指数。

计算股票指数，要考虑三个因素：一是抽样，即在众多股票中抽取少数具有代表性的成分股；二是加权，按单价或总值加权平均，或不加权平均；三是计算程序，计算算术平均数、几何平均数，或兼顾价格与总值。

由于上市股票种类繁多，计算全部上市股票的价格平均数或指数的工作是艰巨而复杂的，因此人们常常从上市股票中选择若干种富有代表性的样本股票，并计算这些样本股票的价格平均数或指数。用于表示整个市场的股票价格总趋势及涨跌幅度。

在中国，最具代表性的股票指数是沪深300指数和上证指数。沪深300指数由上海证券交易所和深圳证券交易所联合编制，并于2005年4月8日正式发布，是在上海和深圳证券市场中选取300只A股作为样本编制而成的成分股指数。沪深300指数样本覆盖了沪深市场六成左右的市值，具有良好的市场代表性。而上证综指即"上海证券综合指数"。"上海证券综合指数"是上海证券交易所编制的，以上海证券交易所挂牌上市的全部股票为计算范围，以发行量为权数综合。上证综指反映了上海证券交易市场的总体走势。

世界上历史最悠久的股票指数是道琼斯指数，它的全称为道琼斯股票价格平均指数。通常人们所说的道琼斯指数有可能是指道琼斯指数四组中的第一组道琼斯工业平均指数。它由30种有代表性的大工商业公司的股票组成，且随经济发展而变化，大致可以反映美国整个工商业股票的价格水平。

道琼斯指数最早是在1884年由道·琼斯公司的创始人查理斯·道开始编制的。最初的道琼斯股票价格平均指数是根据11种具有代表性的铁路公司的股票，采用算术平均法进行计算编制而成，发表在查理斯·道自己编辑出版的《每日通讯》上。

道琼斯股票价格平均指数最初的计算方法是用简单算术平均法求得，

当遇到股票的除权除息时，股票指数将发生不连续的现象。1928年后，道琼斯股票价格平均数就改用新的计算方法，即在计点的股票除权或除息时采用连接技术。以保证股票指数的连续，从而使股票指数得到了完善，并将这一算法逐渐推广到全世界。

该指数目的在于反映美国股票市场的总体走势，涵盖金融、科技、娱乐、零售等多个行业。道琼斯工业平均指数目前由《华尔街日报》编辑部维护，其成分股的选择标准包括成分股公司持续发展、规模较大、声誉卓著，具有行业代表性，并且为大多数投资者所追捧。目前，道琼斯工业平均指数中的30种成分股是美国蓝筹股的代表。这个神秘的指数的细微变化，带给亿万人惊恐或狂喜，它已经不是一个普通的财务指标，而是世界金融文化的代号。

1971年2月8日，股票交易发生了革命性的创新。那一天，一个被称为纳斯达克（Nasdaq全美债券交易商自动报价）的系统为2400只优质的场外交易（OTC）股票提供实时的买卖报价。在以前，这些不在主板上市的股票报价是由主要交易商和持有详细名单的经纪人公司提供的。现在，纳斯达克链接着全国五百多家做市商的终端，形成了计算机系统的中心。

和道琼斯指数相比而言，纳斯达克指数当然是小字辈了，但是这个小字辈仍然不可小视。纳斯达克综合指数是反映纳斯达克证券市场行情变化的股票价格平均指数，基本指数为100。纳斯达克的上市公司涵盖所有新技术行业，包括软件和计算机、电信、生物技术、零售和批发贸易等。主要由美国的数百家发展最快的高科技、电信和生物公司组成，包括微软公司、英特尔公司、美国在线公司、雅虎公司这些家喻户晓的高科技公司，因而成为美国"新经济"的代名词。

第九节　巨无霸指数——日常生活中的购买力平价理论

1986年9月，英国著名的杂志《经济学人》推出了有趣的"巨无霸指数"。巨无霸指数是一个非正式的经济指数，用以测量两种货币的汇率理论上是否合理。这个指数是怎么计算的呢？

巨无霸指数的大前提就是因为巨无霸汉堡在全球的制作规格都是一样的，所以在全世界的售价也应该是一样的。然后就用一个国家的巨无霸以当地货币计算的价格，除以另一个国家的巨无霸以当地货币计算的价格，再把这个比值同实际的汇率相比较。如果高了，那么说明第一个国家的货币被高估了；如果低了，就说明第一个国家的货币被低估了。

举个例子来说，一个巨无霸在纽约的售价是4美元，在北京大概人民币15元，那么美国和中国的巨无霸指数，就是1：3.75，而美元和人民币的汇率指数是1：6左右，由此就可以推出美元相对于人民币被高估了，而人民币相对于美元则被低估了，那么人民币就理应升值。

汇率这个事，说远就远，说近就近。说远是跟我们的日常生活没有什么交集，毕竟早上的豆浆油条花出去的和月底工资卡里打进去的都是人民币；但是只要一旦牵扯到跟国外的事情，汇率问题就变得重要了。我有一个朋友就是准备出国的时候正好赶上人民币汇率上调，当场就乐翻了。

那么汇率是如何决定的呢？这事要说明白的话就得从头说起，没有纸币的时候好办，金币就是金子铸的，银币就是银子铸的，你的钱含多少金银，我的钱含多少金银，就有一个基础汇率了。纸币出现的初期也好办，那时候是有金本位制度的。在金本位制度下，黄金为本位货币。两个实行金本位制度的国家的货币单位可以根据它们各自的含金量多少来确定他们之间的比价，即汇率。如在实行金币本位制度时，英国规定1英镑的重量为123.27447格令，成色为22开金，即含金量113.0016格令纯金；美国规定

1美元的重量为25.8格令，成色为千分之九百，即含金量23.22格令纯金。根据两种货币的含金量对比，1英镑=4.8665美元，汇率就以此为基础上下波动。

在纸币制度发展中，各国发行纸币作为金属货币的代表，并且参照过去的做法，以法令规定纸币的含金量，称为金平价，金平价的对比是两国汇率的决定基础。但是金本位制度已经废除，纸币不能兑换成黄金，因此，纸币的法定含金量往往形同虚设。所以在实行官方汇率的国家，由国家货币当局（财政部、中央银行或外汇管理当局）规定汇率，一切外汇交易都必须按照这一汇率进行。在实行市场汇率的国家，汇率随外汇市场上货币的供求关系变化而变化。这个变化要怎么变化，自然有一系列的方法。

巨无霸指数就来自决定汇率的一种理论，叫作购买力平价理论。这一理论的着眼点并非在两种货币的价值上，而是购买力的差距上。人们所以愿意买进外币，是由于这种货币在该国对商品和劳务拥有购买力。而本国货币则对本国的商品和劳务具有购买力。因此，两国货币的汇率取决于两种货币在这两国的购买力之比。当两种货币都发生通货膨胀时，名义汇率将等于原先的汇率乘以两国通货膨胀率之商。虽然可能出现背离这个新的名义汇率的情况，但汇率的变动趋势始终是两国货币购买力之比。因此，必须把用上述方式计算出来的汇率，看作两种货币之间新的平价。这一平价即购买力平价。汇率的变化也是由两国货币购买力之比的变化而决定的，即汇率的涨落是货币购买力变化的结果。

这就是为什么巨无霸汉堡包的价格也能作为经济指数的原因了。不仅如此，在2004年1月，《经济学人》推出了中杯鲜奶咖啡指数。计算原理与巨无霸指数一样，但巨无霸随着星巴克连锁店的全球扩展，被一杯星巴克咖啡取代。在1997年，该报也出版了一份"可口可乐地图"，用每个国家的人均可乐饮用量，比较国与国间的财富——该图显示可乐饮用量越多，国家就越富有。

但是，用汉堡包测量购买力平价是有其限制的。比方说，当地税收、商业竞争力及汉堡包材料的进口税可能无法代表该国的整体经济状况。在许多国家，像在麦当劳这样的国际快餐店进餐要比在当地餐馆进餐贵，星巴克在美国是面向大众的普通咖啡馆，而在中国则是面对高消费人群的，经营战略就完全不同，这样的差距使得这类指数完全不具有可比性。

第四章
国家政策经济学——下好经济棋局的前提

每个人的行为背后都有其经济学上的意义,国家的行为背后也自不待言。你很轻松就能理解早上两根油条一碗豆浆做早餐的意义,但是国家的很多行为因为牵扯很大并不容易看清楚,你可能也在心里犯嘀咕,国家在下一盘很大的棋,只不过这盘棋自己看不懂……参政、议政是我国每一个公民的权利和义务,让我们从看懂国家政策开始。

第一节　所得税起征点上调——您今儿交税了吗?

2018年，个人所得税起征点已调至5000元，这让很多中低收入的人们都很高兴，毕竟交税交得少了。这一节就是要和大家聊一聊税，来看看国家收税背后的经济学解释。

中国收税的历史很长，从有文字记载的春秋时代开始，老百姓就已经在交税了：周王朝奴隶制的井田制，鲁国承认私有制的初税亩，唐朝设租庸调税制度，订立了种类繁多的实物税种，还以人头、地亩为标准实行双税制，明朝张居正创"一条鞭法"又把种类繁多的实物税全折成了货币税，1723年，雍正皇帝下令在"一条鞭法"的基础上推行摊丁入亩，使得赋税一元化；2006年，中国政府宣布取消农业税，中国的九亿农民终于不用再交这个持续了两千多年的税了。

那么国家为什么要收税？让我们从税收的定义开始看起，税收是国家为了实现其职能，按照法定标准，无偿取得财政收入的一种手段，是国家凭借政治权力参与国民收入分配和再分配而形成的一种特定分配关系。

税收这一概念的要点可以表述为五点：税收是财政收入的主要形式，税收分配的依据是国家的政治权力，税收是用法律建立起来的分配关系，税收采取实物或货币两种征收形式，税收具备强制性、无偿性和相对固定性三个基本特征。

税收是国家为了实现其职能，凭借政治权力，依法无偿地取得实物或货币的一种特殊分配活动。它体现着国家与纳税人之间在征税、纳税的利益分配上的一种特殊分配关系。税收是人民依法向征税机关缴纳一定的财产以形成国家财政收入，从而使国家得以具备满足人民对公共服务需要的

第四章 国家政策经济学——下好经济棋局的前提

能力的一种活动。

在城市里，如果谁家的房子着火了，就算你不在家，也有人替你打电话叫来消防队灭火，而且消防队是政府办的，不收费，但如果火灾是你的过失所致，公安局可能会罚你的款。就是有一些东西，如果政府不办，那么就没有人办了，而这些事情是不办不行的，不办会给社会带来巨大的危害。这类事情一般有以下两个特点，第一非竞争性，第二非排他性。所谓非竞争性，通俗地讲，是指我用的同时你也可以用。换言之，该物品一旦生产出来，多一个人使用与少一个人使用，其成本是一样的，成本不会增加。比如一个广播节目，成本假设是1万元，一旦播放出来，多一个人听还是少一个人听，成本不会增加——仍然是1万元。而钢笔就不一样，你生产一支钢笔，假设成本是10元，只能一个人用，再增加一个人用，你就需要多生产一支钢笔——你付出的代价就增大到20元；收音机呢？假设成本是10元，一个人买了，另一个人再要买，你就要再生产一台，你付出的总成本就增加到20元了。所谓非排他性，就是物品一旦生产出来，你无法排除别人消费。比如，你出钱请广播台播出了一个节目，节目一旦要播出，别人也可以收听，你难以把别人排除出收听之列。

在宏观经济中，税收的作用不容小觑，具体表现为促进平等竞争，调节经济总量，保持经济稳定，合理调节分配等。税收具有以下的基本职能：

第一，组织财政收入。税收是政府凭借国家强制力参与社会分配，集中一部分剩余产品的一种分配形式。这就是税收的一个重要功能，可以调节人与人收入的差距，一般所采取的办法是"累进税"，其原则是从富人那里多拿一点钱，用来帮助那些低收入阶层的开支。通俗一点说，就是谁工资高、收入高，那么谁交的税就高；谁每个月赚得少，谁交的税就低。征收的这部分钱就可以用来搞基础设施建设、教育投入、社会保障等大家都能获利的项目。

第二，调节社会经济。政府凭借国家强制力参与社会分配，必然会改变社会各集团及其成员在国民收入分配中占有的份额，减少了他们可支配的收入。但是这种减少不是均等的，这种利益得失将影响纳税人的经济活动能力和行为，进而对社会经济结构产生影响。

第三，监督管理社会经济活动。国家在征收税收的过程中，必然要在日常深入细致的税务管理基础上，具体掌握税源，了解情况，发现问题，监督纳税人依法纳税，并同违反税收法规的行为进行斗争，从而监督社会经济活动方向，维护社会生活秩序。

第二节　房产调控——我想有个家，一个不需要太大的地方

房价居高不下已经成为桎梏国民幸福感提升的一个重要因素。为什么房价会居高不下？仔细分析起来，而今的高房价，是"众力"合推的结果。

其一，在国人的传统观念中，有买房子的习惯和偏好。房屋作为最好的财富持有方式，持久、耐用，还可以作为家族文化和荣耀传承的载体，传给下一代。虽然现代社会体现财富的方式已经多样化，但是，几千年的传统观念在人们的思想中留下了很深的烙印。一处温暖舒适而又固定的住房，成了许多普通老百姓的人生最大愿望。有人戏称中国房地产市场是丈母娘经济，此言不差。

其二，老百姓缺乏社会保障和安全感。国家的保障机制还不是很健全，社会安全体系仍有很大的漏洞，大多数老百姓都缺乏保障和足够的安全感。而住房的特点则是既有一定的保障功能，又能增加人们的安全感。所以，老百姓宁愿牺牲其他消费也要买房。

其三，土地财政下的地方政府不想放弃既得的利益。2020年全国土地出让金达8.4142万亿元，而同期全国税收收入为15.4310万亿元。地方政府从房地产发展中谋得的好处正是地方政府如此热衷房地产的原因。因为政府垄断城镇的土地资源，又能将之转换为巨大的经济利益，在这种体制和机制的刺激下，地方政府自然要拼命地炒高地价，绞尽脑汁使商业用地价值最大化。由于房地产业对地方政府的GDP和财税收入的贡献巨大，而地方GDP是地方政府绩效评估的主要指标之一，作为地方政府而言，从心底里根本不愿意房价下跌。

其四，房地产暴利是房价居高不下的根本原因。追求最高利润是资本运营的唯一秘密，房地产商为保持高利润，通过恶意炒作，囤积居奇，积压闲置土地，控制房源供给，募养一大批的"砖家""叫兽"为他们摇旗呐喊，联手哄抬房价，从而达到榨取购房者最大的利润的目的。

其五，炒房，买房不住反而当作投资手段。长期的低利率再加上被动的货币超发，导致人民币的流动性激增，实业经济又受到全球经济危机的影响没有起色，导致大量的闲置资金必须要找到一个出口。"温州炒房团"全国有名，他们资金雄厚，集团运作，在各地房地产市场频频出手，如飓风一般攻城略地，所到之处房价急升。

过度的投机导致的房价飞涨是房价地产泡沫产生的最直接原因。作为市场经济中极为活跃的房地产市场，投机活动尤为严重。土地交易制度不健全，行业管理不完善，在一定程度上助长了投机活动，产生大量投机性泡沫。业内人士有这样的说法：拿到了地就上了赚钱的大路。因此，房地产开发商都千方百计地"圈地"，进行土地储备，等到时机成熟，或将土地以高额的价格转让，或进行开发并疯狂炒作，导致地价、房价飞涨。房地产投资在一定程度上变成了圈地投机，投机的成分越多，泡沫形成得越快。同时由于土地资源是稀缺的、有限的，随着经济的发展和人口的增多，以及城市化进程步伐的加快，人们对土地不断增长的需求与土地稀缺之间的矛盾越来越突出。在这种情况下，有限的土地在反复转手交易的过程中，价格飞涨，严重脱离了其本身价值，进而导致整个房地产业泡沫的形成。

　　房地产业是资金密集型行业，房地产开发必须拥有雄厚的资金。由于房地产的高回报，使许多银行在贷款的实际操作过程中，违反了有关规定，向开发商发放大量贷款，甚至不去验证其信用等级，大量的资金涌向房地产市场，又缺乏必要的风险控制意识和手段。从而使许多开发商拥有少量的资金就可以从事项目开发，造成过度开发，而且各种投机行为愈演愈烈，不断推高金融风险，给泡沫的产生埋下了隐患。

　　如此"山雨欲来"的态势不由得让人想起20世纪80年代的日本。"上帝欲使人灭亡，必先使其疯狂。"20世纪80年代末的日本房市也同样热得发狂。在1985~1989年，土地价格翻了好几番。等到1990年，日本土地总市值超过了美国土地总值4倍，而它的土地面积不过是美国的1/25！东京到处上演着一夜暴富的神话，日本国民都紧盯着市场，炒房的行情疯狂上涨。当人们正沉醉在金钱美梦之中时，灾难却一步步靠近了。从1990年开始，日本牛气冲天的两市行情突然一个急转，价格像自由落体一般往下猛掉。许多人的财富一转眼间就成了过眼云烟，上万家企业迅速关门倒闭。据悉，仅1995年1月至11月就有36家银行和非银行金融机构关门大吉。两个市场的暴跌带来数千亿美元的坏账，让繁荣的市场轰然崩塌。昨日的繁荣随着泡沫一起破碎了，日本的经济陷入苦苦挣扎中，从"黄金的十年"变成"失去的二十年"。

　　住房，对于老百姓来说，与粮食一样，是生活中一种最基本的需求。无论时代如何变化，观念如何更新，住房问题始终是人们最为关心的问题。在社会的转型期，政府必须要把民生问题放在首位。

第三节　人民币升值——美国为何老和中国过不去

人民币升值是最近困扰中国政府的一大问题，在现在的国际社会上，和平崛起是大的走向，但是没有任何掣肘的和平崛起则是闻所未闻。近年来，中国经济始终保持强劲有力的增长。据统计，2021年我国GDP增长率为8.1%。有些国家，它们深深感到了中国经济的增长给自己带来的巨大压力，这个国家正是华尔街的主宰者——美国。而2006年就标志着中国与美国进行汇率博弈的开始。

美国认为人民币汇率被严重低估，指责中国操纵汇率，要求人民币升值，这是有原因的。而这个原因说着是一套，实际上则是另一套。随着中美贸易顺差不断创历史新高，美国终于按捺不住了，声称中国工人夺走了美国工人的饭碗，中国的巨额贸易顺差给美国造成巨大损失，对中国进行经济"勒索敲诈"，妄图逼迫人民币升值来缓解本国的经济压力，尤其是全球金融危机之后，美国更是想借助人民币升值来逃避其应承担的金融危机责任。

那么，美国促使人民币升值的真正原因又是什么呢？

从2001年开始，美国持续了10年的经济繁荣期结束，经济开始步入衰退期。小布什上台后实施了一系列计划导致财政赤字，其中的大规模减税，带动了对外国资本的需求，这时，中国等国家便将大规模的外汇储备投资于美国的国债市场。同时，美国的科研项目也造成了严重的赤字，原因是经济繁荣期过后，美国已经转变为世界科技的研发中心，对软实力（文化、技术实力）的看重已经超过了对硬实力等物质利益的看重，导致进出口结构发生巨大变化，进口商品不管是种类还是数量都大幅地增大了。而出口产品主要以技术产品为主，出口商品范围缩小。这样一来就导致了美国在经济上的财政赤字和出口上的逆差现象。

正是由于财政赤字，给美元带来了巨大的贬值压力，这样一来，美元就难以保证其价值的稳定性。但是基于美元的国际货币地位，作为发行国的美国又无法让美元持续大幅地贬值，而同时持有大量美元作为储备的其他国家，也希望美元的价值能够稳定，以免自己受到损失。所以，美元无法贬值，就只能要求人民币升值，以减轻美元的压力。

由于美国的贸易逆差现象（进口大于出口），使得美国在对外贸易中处于劣势地位。迫于经济上的压力，不久前，美国政府发布了新战略"全国主动出口"，并设立了"促进出口内阁"。除强化贸易规则、加强贸易拓展、方便贸易融资三管齐下扶助美国企业开拓海外市场外，还帮助美国出口企业"消除海外壁垒"，而其中最大的贸易壁垒就是中国。所以，他们希望人民币升值，使得中国的产品在国际上的价格提高，举个例子来说，就像是升值前中国的衣服在国际市场上是50美元一件，升值后就变成60美元一件了，自然买的人就会变少，这样一来就会减少出口，对我国出口企业造成难以想象的影响。而对于美国来说，这样可以降低对中国的进口，从而帮助国内企业更好地参与竞争，其实这也属于不公平的贸易保护主义。

人民币升值，的确是有利于美国经济的恢复，可对于我国而言呢？有媒体曾报道过，如果人民币升值3%的话，我们传统的劳动密集型产业的利润将全部为零。因为我们这个产业的平均利润只有3%，那么，如果升值超过了5%的话，那对于我们的制造业的出口将造成极为沉重的打击。这样一来，广东一带的很多工厂都会被迫破产了。如果升值到了20%，后果将难以想象。这就是一直以来中国政府不愿意升值的原因，因为这关系到我国经济命脉，在这一点上，日本是我们的前车之鉴。

20世纪80年代中期的日本经济跟现在的中国很相像，原料—加工—出口形成的外向型经济带来了飞速的经济增长，国民收入提高非常明显。而美国深陷越战的泥潭里无法自拔，经济长期低迷，日本持有了大量的美国国债，甚至在纽约买下了洛克菲勒中心。就在这样的背景下，美国开始像

第四章 国家政策经济学——下好经济棋局的前提

今天要求中国一样要求日元升值。

1985年9月，在美国发动下，经济合作与发展组织七国财长与中央银行行长签订了著名的"广场协议"，规定美元对世界其他主要货币的比率在两年内贬值30%，日元被迫升值。此后，日元兑美元比率由250：1升至87：1，在1995年还达到过79：1的水平。

"广场协议"带来汇率比价骤升。在日元刚开始升值的时候，日本人发现自己突然富裕了不少，原来的1000日元可以变成3000日元花了。每个日本人的腰包都鼓起来了，他们购买世界各国的产品，到海外大量收购企业。

由于存在升值预期，"热钱"大量涌入，而日本政府为了维持汇率，阻止日元进一步升值，不得不放出大量货币干预市场。市场上资金过剩，加上低利率，两种因素作用相加，资金自然而然流入了获利最快最高的行业——房地产和股票，房地产、股票的价格随之飙升，泡沫由此而生。不到十年的时间，东京市中心地价提高了2.7倍，如果把东京23个区的土地全卖了，就可买下整个美国的土地，日本经济的泡沫就大到这样的程度。

1989年，日本的经济泡沫彻底破碎了，房价暴跌、股价暴跌、企业关门、银行倒闭……日本经济由此走上了下坡路，一直陷入衰退之中，在低谷徘徊了20年之久。我们理应从日元升值的案例中得到一些启示。

但是回过头来看，可以确定的一点是，人民币升值是迟早的事情，一个国家货币的地位是跟一个国家的经济地位挂钩的，没有理由崛起的中国其人民币价值就只值这么点。近20年来，人民币兑美元价格从8：1升值至6：1。

首先，人民币升值给国内消费者带来的最明显感受，就是手中的人民币"更值钱"了，当然这是相对于购买国外的产品或服务而言的。如果买进口车或其他进口产品，你会发现，它们的价格变得"便宜"了，从而让老百姓得到更多实惠。

其次，减轻进口能源和原料的成本负担。我国是一个资源匮乏的国家，大量能源和原料需要进口。在国际能源和原料价格比较高的情况下，国内企业势必承受越来越重的成本负担。目前我国需要大量的能源和原材料用于国内建设和发展，如果人民币升值到合理的程度，便可大幅减轻我国进口能源和原料的负担，从而使国内企业降低成本，增强竞争力。

最后，有利于实现我国的产业结构调整。随着人民币的升值，部分无技术含量、无品牌附加值的低级加工贸易，必将遭到淘汰。长期以来，我国依靠廉价劳动密集型产品的数量扩张实行出口导向战略，使出口结构长期得不到优化，我国在国际分工中因此一直扮演"世界打工仔"的角色。人民币适当升值，有利于推动出口企业提高技术水平和产品档次。

所以不能笼统地说，人民币升值了对我们有好处或者有坏处，其实人民币升值带来的后果更像是喜忧参半，就看能否执行适当的经济政策来将之导向好的一方面了。汇率博弈与其他事件交织在一起，将事关中国的根本利益和长远发展，对此一定要谨慎处理。

第四节　巨额外汇储备——世界的衰落，中国的崛起？

人人都知道中国经济有了长足的发展，连我们家老爷子都有一天对我说："美国欠咱中国一屁股债，嘿，好！"这搞得我哭笑不得。的确，现在中国是掌握着巨大的外汇储备，截至2021年10月中国的外汇储备规模为32176亿美元，而且这些外汇储备形式的绝大部分的确是美国政府以及各个机构发行的美国债券，所以说美国欠着中国一大笔钱也没错。但是巨额的外汇真的就代表着中国的崛起吗？让我们仔细来分析一下。

外汇储备，也称外汇存底，是指一国货币当局所持有并可以用于对外支付的国外可兑换货币。当然，并不是所有国家的货币都能充当国际储备资产，只有在国际货币体系中占有重要地位，并且在国际上广泛流通的货币才是外汇。像我国的人民币，就不能在国际上广泛交易流通，所以人民币就不能算作外汇。而只有美元、欧元、日元、英镑这些才能算外汇。

外汇储备作为一个国家经济实力的重要标志，可以帮助一国进行经济调节、实现内外平衡。当本国的国际收支出现逆差时，充足的外汇储备可以促进国际收支的平衡；当国内市场不协调，总需求大于总供给时，也可以动用外汇组织进口，从而调节市场上的供求关系，促进本国经济的平衡发展。同时，当汇率出现大幅波动时，可以利用外汇储备干预限制汇率，使之趋于稳定。因此，外汇储备是实现国家经济均衡稳定发展的一个必不可少的手段，特别是在经济全球化的今天，各国的经济都是互相牵制、互相关联的，所以，外汇储备尤为重要。下面这个例子说的就是外汇多的好处。

1998年8月的中国香港"山雨欲来风满楼"。国际金融"大鳄"调动巨额资金冲击港币，一时间香港联系汇率制度风雨飘摇。8月14日到8月28日，香港特别行政区政府先后调动1180亿港元的外汇储备投入市场。与国际炒家展开了激烈的"白刃战"。国际金融"大鳄"遭到迎头痛击，最终铩羽而归，香港特别行政区政府成功捍卫了香港的联系汇率制度。

但是万事万物都有度，过犹不及。外汇储备也并不是多多益善，近些年来，由于我国的外汇储备规模的快速增长，对经济发展也产生了很多负面的影响。

首先，外汇储备过多，势必增加国内人民币的投放量。因为我们国家前些年实行的是强制结汇制度，企业在外国做生意挣到的美金是必须要换成人民币的，在这一过程中，中国生产的商品或劳务漂洋过海出口去了海外，而中央银行却据此向经济体中凭空注入了一笔人民币，这样势必形成了货币超发，并稀释已有人民币的购买力。再加上如此大的额度，就会引发国内的通货膨胀，对我国的经济发展产生负面影响。而由于增加了基础货币的投放量，在另一方面也推动了货币信贷过快增长，除了引发通货膨胀，也带来了投资扩张、促进经济泡沫的产生等一系列问题，增加了银行体系的风险性。说一句题外话，2008年我国取消了强制结汇，但是随着同期美元的疲软和对人民币升值的预期，所有人还是愿意手里留着人民币，所以情况没有改变，只不过以前是银行强制我们换，现在我们自己主动换。

其次，不断增长的外汇储备也加大了人民币升值的压力。就目前来看，我国不断攀高的外汇储备状况使人民币供不应求，人民币升值压力也在加大，但是我们不能忽视的一点是，如果人民币升值了，那必然会严重影响到我国产品的出口竞争力，尤其是在现在，出口是我国经济增长的主要动力，也是我国在经济危机过后恢复经济的重要手段。

最后，别人欠我们钱是不假，但是别人自己能印钱，想还你钱不是太简单了？经营外汇储备的资产，主要应以安全性、有效性和流动性有机结合为原则，以安全为第一要素。咱们国家的外汇储备主要是美元，但受连续的金融危机所累，美国的经济状况很差，美元近几年的发展趋势不佳，汇率下跌，持续贬值，而且美联储还举着刺激美国经济的大牌子，实行"量化宽松"政策继续开动印钞机，主动拉低美元。美元不值钱了，我国储备了那么多的美元资产就会随之"缩水"，那都是咱们小家小本的劳动密集型经济辛辛苦苦挣回来的，就这样子被美国佬又弄回去了。

第五节　货币政策——这些行为究竟要干吗？

常看新闻大家都知道有个机构叫美联储，美联储上一任头儿大家比较熟，叫格林斯潘。美联储的影响力很大，美国的货币政策全部是它说了算，微小的调整都会使得世界经济跟着晃三晃。其实中国也有类似的机构，不过咱们不叫中联储，咱们叫中国人民银行。在经济学上，这两个机构职能是一样的，就是中央银行。中国人民银行加息、减息，这就是货币政策。那么这些货币政策究竟想起到什么样的效果，又如何起作用呢？

以现在大家最关心的通货膨胀为例，看看央行能使用什么手段来应付。通货膨胀的根源来自货币超发，市场上流通的货币量大于财富值，就使得货币开始贬值，物价上涨。物价一旦上涨，就会引发物价继续上涨的预期，每一个老百姓手里的钱都是潜在的需求，大家都用这些钱去买自己想要买的东西，以防物价继续上涨。比如大家都去买猪肉，猪肉价格就会上涨，在一个正常的市场里物价涨了买的人就会少，这样就会调节物价，但在通货膨胀的大局势下，大家认为东西还会继续涨，于是越涨越买，越买越涨，直到开始疯狂抢购。而央行解决这个问题，最好的办法就是让这些钱不要花掉。你不花钱，物价就不会上升，但是怎么能让老百姓不花钱呢？

首先，可以调整存款准备金政策。存款准备金是指金融机构为保证客户提取存款和资金清算需要而准备的资金，金融机构按规定向中央银行缴纳的存款准备金占其存款总额的比例就是存款准备金率。存款准备金制度是在中央银行体制下建立起来的，世界上美国最早以法律形式规定商业银行必须向中央银行缴存存款准备金。存款准备金制度的初始作用是保证存款的支付和清算，之后才逐渐演变成为货币政策工具，中央银行通过调整存款准备金率，影响金融机构的信贷资金供应能力，从而间接调控货币供应量。

这一切是怎么产生作用的呢？这得从货币的乘数效应说起，让我们举个例子来简单说明一下。企业A有1000块钱存在银行，假设存款准备金率是20%，那么银行就可以放贷800块给需要资金的企业B。企业B用这800块付账给了企业C，企业C就把800块钱又存进了银行，这样银行就又可以放贷640块出去给企业D，如此循环下去，1000块钱理论上最终可以变成5000块钱（最终货币量=1／存款准备金率×原始存款，推导过程就省略了，其实也就是等比数列求和），这种货币随着银行存存贷贷变多的情况就被称作货币的乘数效应。

可见货币超发、通货膨胀什么的，咱们的银行也有不小的"功劳"，而存款准备金率，则可以让银行少做一点功，没有那么多多余的钱了，社会的通胀压力就会小很多。

其次，还可以提高存款利率，说中国人是世界上最喜欢存钱的民族也不为过，所以这招在中国更有效。这是我国货币政策的重要组成部分，也是货币政策实施的主要手段之一。中国人民银行根据货币政策实施的需要，适时地运用利率工具，对利率水平和利率结构进行调整，进而影响社会资金供求状况，实现货币政策的既定目标。

近年来，中国人民银行加强了对利率工具的运用。利率调整逐年频繁，利率调控方式更为灵活，调控机制日趋完善。随着利率市场化改革的逐步推进，作为货币政策主要手段之一的利率政策将逐步从对利率的直接调控向间接调控转化。利率将作为重要的经济杠杆，在国家宏观调控体系中发挥更加重要的作用。

提高存款利率会增加存储，抑制投资。如果作为企业领导，要想扩大投资，他就要向银行借钱。借钱之后，就会去买原材料，买生产设备，这又涉及花钱问题。钱花了之后，很可能又给控制物价造成压力。政府如何能让企业少花钱？利用货币政策提高贷款利率，让企业借钱的成本上升。比如，过去是6%的贷款利率，现在贷款利率变10%了，企业借钱就需要多还4%，于是，很多人就不会去借钱了。这些人不借钱就不会购买生产原料，就不会去购买别的产品，因此通货膨胀压力就减轻了。所以，利率是控制通货膨胀的手段之一。

最后就是政府发行公债。公债是由政府发行的，可以把老百姓的钱收回来。让老百姓少花钱。老百姓少花钱，就会减轻控制物价的压力，这就是目前中央银行的做法。

货币政策包括利率政策、存款准备金率政策和发行公债。运用货币政策的具体做法是：当经济繁荣时，中央银行采取紧缩性的货币政策，即在金融市场上卖出政府债券，提高贴现率和准备金率，减少货币供给量，提高利率，减少投资，抑制需求；当经济衰退时，中央银行采用扩张性的货币政策，即在金融市场上买进政府债券，降低贴现率和准备金率，增加货币供给量，降低利率，增加投资，刺激需求。

第五章 管理经济学——让企业更具有竞争力和战斗力

如何让下属更团结？如何让自己的团队更有战斗力？如何能够做出更大的成绩？这些都是管理经济学的内容。管理经济学是一门研究如何把传统经济学的理论和经济分析方法应用于企业管理决策实践的学科，是管理学的基础之一，它告诉管理者如何学会用经济学的思维方式思考商业决策问题。管理经济学为企业管理提供了一种系统而又有逻辑的分析方法，是微观经济学在管理实践中的应用。本节以企业管理中的现实问题为出发点，结合简练的经济学分析，给大家介绍管理经济学的几条原理。

第一节 奥格尔维法则——企业为什么需要人才

奥格尔维法则来自美国马瑟公司总裁奥格尔维的一个小故事。在一次董事会上,奥格尔维事先在每位董事的桌前放了一个玩具娃娃。"你们面前的娃娃就代表你们自己,"他说,"请大家打开看看。"当董事们打开玩具娃娃时,惊奇地发现原来里面还有一个小一号的玩具娃娃;再打开,里面还有一个更小的……直到最后一个娃娃上放着奥格尔维写的字条:"如果你永远都只启用比你水平低的人,我们的公司将沦为侏儒公司。如果我们每个人都任用比我们自己更强的人,我们就能成为巨人公司。"

这就是奥格尔维法则,它的内容是:如果我们每个人都雇用比我们自己更强的人,我们就能成为巨人公司。它所强调的正是人才的重要性。一个好的公司固然是因为它有高品质的产品,有完善的硬件设施,有雄厚的财力支持,但最重要的还是要有优秀的人才储备。因为一个公司仅凭资产,并不能带来任何创新、进步,只有拥有优秀人才,才是最根本的生存之道,这也是古今不变的真理。

华尔街的大富豪摩根就是一位敢用强过自己的人作为左膀右臂的典范。

萨缪尔·斯宾塞是个土生土长的南方人,他比摩根小10岁,十分精明强干。生于佐治亚州的他,在南北战争时是南军的骑兵之一。战后,斯宾塞在佐治亚大学攻读工程学。毕业后,斯宾塞进军巴尔的摩—俄亥俄铁路。在这条铁路濒临破产的时候,斯宾塞充分发挥了自己卓越的管理才能,使这条铁路起死回生。而当时作为公司财产主要接管人的摩根,发现了斯宾塞在经营与管理方面的过人之处，虽然他觉得斯宾塞在某些方面甚至超过了自己，但是，对于求才若渴的摩根来说，最大爱好是发现人才、任用人才，因此他绝不会放过任何一个人才，摩根提升斯宾塞为总裁。而斯宾塞也没有辜负摩根的一番美意，顺利地组织力量偿还了800万美元的债务。因此，更进一步博得摩根的青睐，斯宾塞最终成为了摩根的左膀右臂之一。

摩根的另一位亲信参谋——查理斯·柯士达年纪更轻，甚至比斯宾塞还小5岁。柯士达是个兢兢业业的人，属于典型的勤勉型。他每天早晨6点左右就出门上班，一直工作到深夜，甚至还要将文件带回家看。柯士达还具有花较少的钱、赚回最大利润的过人本领。他为摩根所赏识，于是在华普利与摩根共组辛迪加投资银行的时候，被摩根用挖墙脚的方式挖了过来。之后对于这位参谋，摩根是器重有加，使得铁路的"摩根化"彻底成功。当柯士达接到摩根发出的"铁路摩根化"的命令时，就立即花一个月的时间去调查这条铁路。为了全面彻底地进行调查，柯士达简直是披肝沥胆、呕心沥血。他不仅乘火车观察，甚至走下月台，静坐在飞驰而来的列车旁，彻底查看枕木与铁轨的状态。甚至，他还会开动火车头试上一试。

可是在现实生活中，这样知人善任的情况却并不多见，"武大郎开店"的现象却屡见不鲜，不少上级害怕下级的才干超过自己，进而夺了自己的"饭碗"，所以极力地压制人才，排挤人才，与企业的发展方向背道而驰。

著名的哲学家培根说过："嫉妒，总是把灾难带到它所注目的地方。"面对很多比自己强的人才，能够按照奥格尔维法则真正去重用的老板其实并不多。不少上级总是有一种潜在的嫉妒心理，考虑这个人今后会不会威胁到自己的地位，考虑这个人得到提拔之后是否还会对自己忠心耿耿，甚至考虑这个后进公司的人爬到了自己头上之后，会不会让别人觉得自己很无能……经过这么多的考虑之后，即便是人才，能被重用的可能也是微乎其微了。

可以想象，这样的公司是不可能做出大事业的。而如果想要让你的企业成功的话，就得招揽一批精兵强将。而要做到这些也并不难，只要你做到以下几点，想要成功便很简单了：

其一，容人之长。敢用强过自己的人，要容人之长。某企业家曾指出："用一个能力强的人，只会提高你自己的地位；条件好的人不但增进整个部门的工作成效，更使你因为容人之长而声名大噪，何乐而不为。"可见容人之长已成为多数智能之士的共识。

其二，不对强者求全责备。优秀人才的可贵就在于他有主见，有创见，不随波逐流，不看谁的眼色行事。人才的特征就是：创造力强，能为组织带来绩效，为领导开创局面，甚至其能力超过领导者。既是创新开拓就难免与传统、权威不一致，甚至也可能与领导者合不来。任何发明创造、改革进取都不能保证百分之百的成功，错误与失败在所难免，甚至失败多于成功。领导者用强于自己的人要有"大肚能容，容天下难容之事"的雅量，才能成就大业，成常人难成之举。

古人说："下君之策尽己之力，中君之策尽人之力，上君之策尽人之智。"可见，人才的潜力是无限的，他们所缺少的就是机会。所以，作为一个管理者，必须具有"知人善任，用人不疑"的管理思维。一定要给予你的团队中有能力的人发挥、表现的机会，给其相应的职权和工作环境，帮他们搭建展现自己的平台，不要总有一种"下属能力过高是对自己权威地位的威胁"的心理，只有这样，你的公司才有可能成为一家"巨人公司"。

第二节 激励效应——留住人才才是成功的关键

一位老板开了一家小服装公司，经营多年却不见有什么好的效益。他向管理大师诉苦说，他的公司管理极为不善，想请求管理大师前往做一些指导。管理大师应邀前往，到公司上下走动了一回，心中便有了底。

管理大师问这位老板："你到菜市场去买过菜吗？"

老板有些奇怪，愣了一下，回答道："买过。"

管理大师继续问："你是否注意到，卖菜人总是习惯于缺斤少两呢？"

他回答："是的，是这样。"

"那么，买菜人是否也习惯于讨价还价呢？"

"是的。"他回答。

"那么，"管理大师笑着提醒他，"你是否也习惯于用买菜的方式来购买职工的劳动力呢？"老板吃了一惊，瞪大眼睛望着管理大师。

最后，管理大师总结说："一方面是你在工资单上跟职工动脑筋，另一方面是职工在工作效率或工作质量上跟你缺斤少两——也就是说，你和你的职工是同床异梦，这就是公司管理不善的病症之所在啊！"

经济学大师曼昆说：由于人们通过比较成本与利益做出决策，所以，当成本或利益变动时，人们的行为也会改变。这就是说，人们会对激励做出反应。例如，当苹果的价格上升时，人们就会决定多吃梨少吃苹果，因为购买苹果的成本高了；同时，苹果园决定雇佣更多工人并多摘些苹果，因为出售苹果的利益也高了。正如你将看到的，价格对市场上——这里是苹果市场——买者与卖者行为产生了影响，这对了解市场如何运行是至关重要的。

威廉·詹姆斯是美国哈佛大学的心理学教授，通过研究他发现，在缺乏激励的环境里，员工的潜力只发挥出五分之一；而在良好的激励环境中，同样的员工可以发挥出其潜力的五分之四甚至百分之百。可见，在企业管理中，每一位员工都需要被激励。而作为企业管理者的你，首先要了解的是良好的激励措施能够带来的益处。

首先，良好的激励措施可以吸引优秀的人才到企业来。在发达国家的许多企业中，特别是那些竞争力强、实力雄厚的企业，通过各种优惠政策、丰厚的福利待遇、快捷的晋升途径来吸引企业需要的人才。

其次，良好的激励措施可以开发员工的潜在能力，促进在职员工充分发挥其才能和智慧。美国哈佛大学的威廉·詹姆斯教授在对员工激励的研究中发现，按时计酬的分配制度仅能让员工发挥20%~30%的能力，如果受到充分激励的话，员工的能力可以发挥出80%~90%，两种情况之间60%的差距就是有效激励的结果。

再次，良好的激励措施可以留住优秀人才。每一个组织都需要三个方面的绩效：直接的成果、价值的实现和未来的人力发展。缺少任何一方面的绩效，组织注定非垮不可。因此，每一位管理者都必须在这三个方面均有贡献。在三方面的贡献中，对"未来的人力发展"的贡献就是来自激励工作。

最后，良好的激励措施可以造就良性的竞争环境。科学的激励制度包含一种竞争精神，它的运行能够创造出良性的竞争环境，进而形成良性的竞争机制。在具有竞争性的环境中，组织成员就会受到环境的压力，这种压力将转变为员工努力工作的动力。

在激励理论中，最为大家所熟知的是马斯洛的需求层次理论。著名心理学家马斯洛把人的需要由低到高分为五个层次：生理需要、安全需要、社交和归属需要、尊重需要、自我实现需要。并认为人的需要有轻重层次之分，只有排在前面的那些属于低级的需要得到满足，才能产生更高一级的需要，这为激励指明了重点。按照马斯洛的观点，如果希望激励某人，就必须了解此人目前所处的需要层次，然后着重满足这一层次或在此层次之上的需要。比如面对乞丐，他更渴望得到的是食物，而不是对他容貌的赞美。

第五章 管理经济学——让企业更具有竞争力和战斗力

对员工最简单的激励手段就是效率工资了，效率工资是指企业支付比市场平均水平高的工资，以激励员工努力工作，提高劳动生产率或劳动效率。发展经济学家莱本斯坦最早提出效率工资理论，他认为生产率与工资水平呈正向关系。但是，真正将效率工资制度提升到理论高度的是美国经济学家索罗，此后，在20世纪80年代，效率工资理论迅速发展。

最早实行效率工资制度的是福特公司。20世纪初美国的工人怠工现象及流动现象相当严重，因此在1914年福特公司宣布将工人每天的工资由2.34美元提高到5美元，这5美元即为效率工资。于是求职者在福特汽车工厂外排起了长队，希望获得这样的工作机会。该项举措对于缓解怠工及流动现象取得了极大的成效，原因在哪里呢？

关于效率工资的主要理论可以对此做出解释：首先，当时市场的平均工资为2.34美元，用高于市场平均水平的5美元效率工资，可以吸引全国最优秀的工人来应聘，这样相对于同行，福特的工人就是最优秀的。其次，工人也是理性人，5美元的工资让工人自动放弃了怠工，他们深知如果不好好做，就有被开除的危险，而被开除后，在其他地方就找不到同等工资的饭碗，为此大家都相当珍惜这来之不易的工作机会，工作效率自然提高，流动性自然减少，这同时降低了企业的培训成本。

企业以追求效益最大化为目的，而员工业绩的最大化本身就是企业效益最大化的基础，因此管理者必须把握激励的及时原则，以使员工业绩最大化。在员工有良好的表现时，就应该立即给予奖励，不要等到发年终奖金时，才打算犒赏员工。等待的时间越长，奖励的效果越可能打折扣。企业管理者应该明白的是，激励员工，受益的不仅仅是员工，企业从中的受益更大。

双因素理论也是重要激励理论之一。双因素理论是美国的行为科学家弗雷德里克·赫茨伯格提出来的。20世纪50年代末期，赫茨伯格和他的助手们在美国匹兹堡地区对共计二百名工程师、会计师进行了调查访问。结果他发现，使职工感到满意的都是属于工作本身或工作内容方面的；使职工感到不满的，都是属于工作环境或工作关系方面的。他把前者叫作激励因素，后者叫作保健因素。保健因素包括公司政策、管理措施、制度、人际关系、物质工作条件、工资、福利等。当这些因素恶化到人们认为可以接受的水平以下时，人们就会对工作产生不满。但是，当人们认为这些因素很好时，它只是消除了不满，并不会增加工作热情。

其实在市场经济中也一样，经济利益才是其他利益的基础和先导。只有预期收益足够诱人，才有可能创造出惊天动地的业绩。无论是对个人来说还是对国家来说，只有所采取的行为符合"边际利益大于边际成本"的经济法则时，才有可能带来源源不断的财富，而这样的行为也才是最符合经济原则的行为。

在竞争如此激烈的今天，要想能够吸引客户，必须有一支精英团队来打造自己的企业，而高工资就是企业对人力资源很重要的投资行为。在高薪的推动下，企业就能积聚到更多的优秀人才，激发出他们的斗志，组成自己强大的研发队伍，为企业推出先进的技术和一流的产品。反观现在多数企业，"又想马儿跑得快，又想马儿不吃草"，老板只想尽量少地付出人工成本，尽可能多地获得劳动力付出，却没有站在更长远的角度上，去获得两者之间的双赢。高薪可以成为挖掘员工潜力的一种方式，同时，还能避免人才流失带来的损失。

第三节　鲶鱼效应——狼来了并不可怕

在20世纪80年代初期，日本一家占地数十万平方米的大型天然鹿场，为了确保区域内的鹿有一个良好的生存环境，牧场主请国民卫队一举消灭了所有生活在这里的狼。没有了天敌的鹿群在安全舒适的环境中悠闲地生活着，但不久鹿群便出现了肥胖症，随后各种常见病开始蔓延，种群开始退化。

眼看着鹿场一天天衰败，心急如焚的牧场主只好求教于动物学家。动物学家到鹿场仔细观察了现场并详细了解情况后，得出的结论是：导致鹿场衰败的原因就是没有了狼。牧场主虽将信将疑但却别无选择，只好到国外空运了一批狼回来。长期处于养尊处优状态的鹿群见到天敌从天而降，先是一阵恐慌，随后鹿群中的老、弱、病、残便先后成了狼之美餐，然而令牧场主惊喜的是，虽然鹿群惨遭损失，但幸存者却在求生的奔跑中变得身强体壮，鹿场也在狼的介入下渐渐焕发了生机。

鹿场如此，其实现实生活里的人也是这样。无论是一个领域，还是一个企业，如果人才长期固定不变，养尊处优，就会缺少新鲜感，日积月累，就容易产生麻木不仁的惰性，因此，为了增加活力，就有必要找些外来的、具有"搅动性"的人才加入公司，制造一种紧张的气氛，这样企业就自然会生机勃勃起来。事实上，相对于人才来说，企业就是一个个在海上颠簸、摇来晃去的大小鱼槽。这种"搅动性"的人才，就是"鲶鱼人才"。这种"鲶鱼人才"，不仅能减少淘汰劣等员工，而且能留住和增加优秀人才。

西班牙人特别喜欢吃沙丁鱼，但沙丁鱼非常娇贵，对离开大海后的环境极不适应。当渔民们把刚捕捞上来的沙丁鱼放入鱼槽运回码头后，过不了多久沙丁鱼就会死去。而死掉的沙丁鱼口感很差，价格就会便宜很多——倘若抵港时沙丁鱼还存活着，鱼的卖价就要比死鱼高出很多倍。

为了延长沙丁鱼的活命期，渔民们想尽了办法。后来一位渔民无意中发现了一种方法：将几条沙丁鱼的天敌——鲶鱼放在鱼槽中。因为鲶鱼是食肉鱼，放进鱼槽后，鲶鱼便会四处游动寻找小鱼吃。为了躲避天敌的吞食，沙丁鱼自然加速游动。从而保持了旺盛的生命力。如此一来，沙丁鱼就一条条活蹦乱跳地回到港口。这在经济学上被称作"鲶鱼效应"。

"鲶鱼效应"其实就是一种压力效应。很多研究发现，适度的压力有利于我们保持良好的状态，更加有助于挖掘我们的潜能，从而提高个人的工作效率。比如运动员每到参加比赛，一定要将自己调整到感到适度的压力，让自己兴奋，进入最佳的竞技状态，如果他不紧张、没压力感，则不利于出成绩。适度的压力对挖掘自身的内在潜力资源，是有正面意义的。

在这方面，日本的本田汽车公司做得非常出色，值得我们借鉴。在一次本田先生对欧美企业进行考察时，发现这些企业的员工基本上由三类人员组成：一是不可或缺的天才，约占两成；二是以公司为家的奋斗型人才，约占六成；三是终日东游西逛，不知进取的蠢材，约占两成。本田先生这时又对比了一下自己的公司，发现在自己的公司中，缺乏进取心和敬业精神的人员也许还要比这多。那么如何增加前两类人，而使第三类人减少呢？如果对第三种类型的人员实行完全淘汰裁员，一方面会受到工会方面和舆论的压力；另一方面，重新招揽新人、重新培养也会使企业蒙受损失。而且，这些人大多也能完成工作，只是缺乏主动性，如果全部淘汰，显然是行不通的。

后来，本田先生在鲶鱼故事中得到启发，决定全力进行人事方面的改革。他首先从销售部入手，因为销售部经理的行事作风和公司要求的精神相距太远，而且他甘于现状、不思进取的思想已经严重影响了他的下属。所以，必须找一条"鲶鱼"来，打破销售部只会维持现状，缺乏工作热情的沉闷气氛，否则公司的发展将会受到严重影响。经过周密的安排和努力，本田先生终于从其他公司把年仅35岁的武太郎挖了过来。武太郎接任本田公司销售部经理之后，凭借着自己过人的学识和丰富的市场营销经验，以及先进的理念和工作热情，得到了销售部全体员工的认同，员工的工作热情被极大地调动起来，工作效率不断提升。公司的销售业绩也出现了转机，销售额直线上升，尤其是在欧美市场，知名度不断提高。本田先生对武太郎上任以来的成绩非常满意，这不仅在于他在工作上的表现，还在于他带领的销售部员工的工作热情和活力不断提升。本田先生为自己有效地利用了"鲶鱼效应"而骄傲。

从此，本田公司每年都会从其他公司里"挖掘"出一些精明能干、思维敏捷、30岁左右的激进型人才，有时甚至不惜重金聘请常务董事一级的"大鲶鱼"。这样一来，公司上下的"沙丁鱼"都有了触电的感觉，大家都全身心地投入工作中，业绩也蒸蒸日上。

作为一个管理者，如果发现自己的员工对工作总提不起兴趣，对于目前的职业状态充满了厌倦情绪，工作效率急速下降，绩效水平处于较低状态，在工作中时常感到疲惫，那么他很有可能是处于职业倦怠期。

职业倦怠指个体在工作重压下产生的身心疲劳与耗竭的状态。这个概念最早由美国著名临床心理学家弗登伯格于1974年提出，他认为职业倦怠是情绪性耗竭的症状。后来的心理学家把职业倦怠定义为对工作上长期的情绪及人际应激源做出反应而产生的心理综合征。

职业倦怠由情绪衰竭、去人性化、个人成就感降低三个维度构成。一般认为，职业倦怠是个体不能顺利应对工作压力时的一种极端反应，是个体伴随于长时期压力体验下而产生的情感、态度和行为的衰竭状态。职业倦怠的产生和人的行为动机密切相关。每一个人的行为背后，都存在着一种动力，心理学称为动机。动机具有激起、调节、维持行为的功能，它的产生和人的需要、兴趣有密切的联系。当动机消失时，被它所推动的行为就会终止。因此，当人对所从事的工作没有兴趣或缺乏动机，却又不得已而为之时，就会产生厌倦情绪，身心陷入疲惫状态，工作绩效将会明显降低。长此以往，就掉入了职业倦怠的旋涡之中。

在这种时候，"鲶鱼效应"也是激活员工热情最为有效的方法之一。因为，一个组织如果人员长期稳定不变，就会缺乏活力和新鲜感，没有生机，其后果就是造成组织内部员工的效率低下、人浮于事。所以，只有增加内部人才竞争度，才会使员工产生危机感，从而提升他们工作的主动性，最终使企业形成你争我赶、人人努力的良性竞争氛围，这样一来，整个组织的工作效率和水准都将不断提高。

第四节 注重实绩——看他做事，而非说话

韩非子有云："术者，因任而授官，循名而责实，操生杀之柄，课群臣之能者也。此人主之所执也。"翻译过来就是，以"术"治国，应当基于一个人能力的大小，来授以官职，依照其职权地位的高低，向其索取、检查与其职称相称的实际效果，而选拔考察能执掌生死权柄的人，这些都是作为君王应当担负的责任。

因此，评价一个人，必须要从实绩出发，而不是看这个人的简历有多辉煌，那都是过去；或者听他说得多么天花乱坠，那都是愿景。下面这个例子就可以说明不少东西。

飞天集团公司的业务蒸蒸日上，但是最近老总却陷入烦恼之中。公司准备投资一项新的业务，已经通过论证准备上马了，但是几位高层在事业部总经理的人选上产生了很大的分歧。一派认为应该选择公司内部的得力干将展国洪，而另一派主张选用从外部招聘的熟悉该业务的高国鹏，双方各执己见，谁也不能说服对方，最后还是需要老总来拍板。那么，究竟哪一种选择更好呢？

就经验而言，外聘的高国鹏显然经验要丰富得多，但高国鹏到此工作属于空降；而本公司的展国洪更具有本土优势，对业务也十分熟悉。但人事这一块，应该还是外聘较好吧，因为老总觉得自己公司活力不足，应该补充些新鲜血液。最终老总拍板，决定用外聘的高国鹏。高国鹏开始正式走马上任，高国鹏的优势很明显，美国著名高校的MBA学历，完全的西式经营理念。而展国洪不过中专学历，是从底层一步步熬上来的。老总

对高国鹏寄予厚望，高国鹏也很努力，开始认真地对公司的人力资源状况进行诊断，并煞有介事地挑出了一堆毛病。老总一看，心里担忧了，这些毛病要都整改掉，自己公司也将会垮掉！

高国鹏只知道挑毛病，却没有对公司进行任何实际操作，时间一久，弄得公司人人自危，怨声载道。老总一看，这样不行，于是迫不得已把高国鹏辞退了，而此时的展国洪因为没有得到老板的重视，已经跳槽去别的单位了，飞天集团花费了大量的时间、精力和金钱，最终不但没有给公司带来效益，反而使公司发生了危机。

在选拔人才时，有几个原则是一定要遵循的：

首先，企业要从自身发展战略和发展阶段出发，根据企业的发展规模、发展速度和发展水平做出人力资源规划，使人力资源规划与企业整体战略相配套。既要面对现实，保持企业人力资源队伍的基本稳定，又要预见未来，对现有人员和今后录用人员提出更高的任职资格条件，促进人力资源整体素质的提高。

其次，要坚持任人唯能、唯才是举的原则，坚持用人自主权，在用人问题上不讲人情，不拉关系，不搞平衡，按照企业编制的职务说明书中规定的任职资格条件招聘人员，安排使用，对不符合条件的人员决不勉强接受，绝不"因人设庙"。

最后，推行学习型组织建设，形成企业讲学习、讲贡献、讲正气的良好风气，致力于开发员工的发展潜能，不断提高在岗人员的素质。

俗话说："是骡子是马，牵出去遛遛。"这句话的意思是，一要给人以"遛"的机会，让"怀才不遇"者一展其长，以免埋没人才；二要从"遛"中表现其才德。有没有德，看其在"遛"的过程中的处世之道；有没有才，看其在"遛"的过程中的表现；有没有能力，看其工作实绩。争一争，看谁有本事，比一比，看谁有能耐，这样才能平等地分出个此高彼低、张长李短。因此，人才的优劣是"干"出来的，而不应是"相"出来的。

第五节　内卷化效应——要有打破循环的自信

多年前，一位中央电视台的记者去陕北采访了一个放羊的男孩，曾留下这样一段经典对话。记者问这个放羊的男孩：

"你为什么要放羊？"

"为了卖钱。"

"你卖了钱准备干什么呢？"

"卖了钱要娶媳妇儿。"

"娶媳妇儿干什么？"

"生孩子。"

"生孩子干什么？"

"放羊。"

……

男孩显然受到了父辈们的影响。千百年来，中国农民日出而耕，日落而息。他们早已习惯了这样的生活方式，并认为如此繁衍生息下去合情合理。于是，子辈们继承了父辈们的命运，一代接着一代，任劳任怨地在黄土地上耕耘。

我对这则故事很熟悉，觉得透着一股亲切。因为当年我母亲就经常用这个故事来教育我，不好好学习就得去放羊，不光如此，将来儿子孙子也得去放羊。现在想来母亲是看不起世代放羊的农民，才会说出上面的话。但是扪心自问，又有几个人能比这个放羊男孩高出一筹呢？年轻时候的理想已经被深埋，我们的人生不也就像咬尾蛇一样咔嚓、咔嚓地循环着吗？

在经济学上，这种状态被称为内卷化效应。这是20世纪60年代末，一位名叫利福德·盖尔茨的美国人类文化学家提出的。他曾在爪哇岛生活过，在风景名胜地却无心观赏诗画般的景致，潜心研究当地的农耕生活。

他眼中看到的都是犁耙收割,日复一日,年复一年,原生态农业在维持着田园景色的同时,长期停留在一种简单重复、没有进步的轮回状态。于是这种现象被冠名为"内卷化"。

此后,这一概念便被广泛应用到了政治、经济、社会、文化及其他学术研究中。"内卷化"作为一个学术概念,意指一个社会或组织既无突变式的发展,也无渐进式的增长,长期以来,只是在一个简单层次上自我重复。作为学术概念,其实并不深奥,观察我们的现实生活,就有很多这样的现象。

大到一个社会,小到一个组织,微观到一个人,一旦陷入这种状态,就如同车入泥潭,原地踏步,裹足不前,无谓地耗费着有限的资源,重复着简单的脚步,浪费着宝贵的人生。同样在一个单位供职,有的人几年一个台阶,士别三日就当刮目相看,而另一些人却原地不动,多少年过去了还一切照旧。你是否在职场上打拼了几年,却依旧停留在初入公司的水平线上?你是否感觉自己无所作为,无法突破,甚至有了一点自怨自艾的思想?

一些企业,特别是中小企业和民营企业,这种内卷化现象尤其突出。一些民营企业内部实行家族化管理,重要岗位,不是七大姑,就是八大姨分兵把口,管理哲学是"打仗亲兄弟,上阵父子兵",用自己的人放心。于是,在企业内部,鸡犬之声相闻,老死不相往来,外部的新鲜空气难以吹进来,真正优秀的人才也吸引不进来,措施和办法因循守旧。十几年乃至几十年过去了,厂房依旧,机器依旧,规模依旧,各方面都没有多大变化。企业进入了一种典型的"内卷化状态"。

无论是社会组织还是个人,进入内卷化状态,根本原因就在于精神状态和思想观念停滞不前。人们常说,信心决定命运,观念决定出路。一个人如果总是自怨自艾,不思改变,不求进取,不谋开拓,民无信心,军无斗志,只能是原地不动,还有可能倒退。总是因陋就简,循规蹈矩,按部就班，只能进入周而复始的轮回状态。两千年的小农意识，生产的只能是两千年的自然经济，不可能产生出市场经济和现代经济。

如何走出"内卷化"呢？自身的力量很重要。时刻让自己保有旺盛的求知欲也是避免陷入内卷化效应的方法之一。人一旦有了求知欲，便会喜爱学习，不断地开阔视野，转化思想，突破、超越自我，从而为个人的职业生涯开拓出新的天地。其次你要提升自己的意志力。我们常说，观念决定人的命运，如果一个人认为自己未来能有所建树，那么他一定会为自己的目标付诸行动，到时，事情会朝着他想要的方向发展。

第六节 帕金森定律——机构臃肿是组织大忌

1958年，英国历史学家、政治学家西里尔·诺斯古德·帕金森通过长期调查研究，出版了《帕金森定律》一书。帕金森经过多年调查研究发现，在行政管理中，行政机构会像金字塔一样不断增多，行政人员的数目会不断膨胀，每个人都很忙，但组织效率越来越低下。这条定律又被称为"金字塔上升"现象。

在中国，这样的事情并不少见，甚至于我们都有点见怪不怪了。曾经有这样一篇报道：有一个水利局实行银行代发工资两个月后，职工们竟发现多出了34张"嘴"，有34名非水利局职工，却拥有水利局职工的工资账户。后经查实，这多出的34张"嘴"都是水利局干部的亲属，其中21人是水利局副科级以上干部的子女亲属。其中有含饴弄孙的老人，目不识丁的农妇，甚至还有9名是正在学习的大中专学生。宁夏西海固地区同心县，曾经是以"苦甲天下"而闻名的，但就是在那里，这种"帕金森"现象十分常见，同心县部分干部违法乱纪，有能力的人才得不到重用，而那些能力平庸的人又大量超编进入行政机构，致使这个国家级贫困县吃"皇粮"的人数畸形膨胀。冗员吃空了财政预算、补贴，就连专项资金也被挪用……这种"贫困的腐败"，引发了一连串的咄咄怪事——在这个仅有33万人口的贫困县里，吃"皇粮"者高达1.1万人，全县超编人员高达两千八百多人。让人匪夷所思的是，在这支超编大军中，有大批"拿着俸禄不上朝"的"挂职干部"，轮流上班的"轮岗干部"，十来岁的"娃娃干部"，四五岁的"学龄前儿童干部"。县烈士陵园只有3座墓碑，但却供养着20名管理人员，难怪有人嘲讽"20个活人守着3个死人"。机构、人员过多、过滥而造成的效率低下，几乎成了一些地方的通病，而少数"懒和尚"当主持而产生的"食客者众"，更成了这些部门的"痼疾"。

无独有偶，崔永元在其所写《不过如此》一书中调侃道："我们电视台的人数不好统计，你像一般干活的各个岗位大概有25人，但是吃盒饭的有140多个人，发奖金的时候有2200人。有一次台里说，有一个出国名额，谁想去，填一个表吧，填了1万多张表。"

在行政机关出现这种用人情况并不奇怪，一些个心术不正的领导，以权谋私，"举贤不避亲"，竟把那些缺乏基本业务素质的亲属故旧，或欺上瞒下，或弄虚作假，或交换提携，弄到自己所任职把掌的部门。于是乎，"七姑八舅"一个个执掌了"帅印"，亲属嫡系一个个占据枢纽岗位，而一个个有能力的干才，或因有些"野心"，或因有些真本领，"气焰"有点"嚣张"，而受到轻用、不用，甚至备受压制，其结果，干的不如看的，看的不如捣蛋的。一个私欲膨胀的行政首长，为一个个低能儿开启了大门，却把一批批有为之人拒之门外，于是平庸战胜了才俊，"牛粪"得到了"鲜花"。

但是在很多要求效率的企业组织中也会出现这种情况，就不应该了，因为效率是一个企业盈利的根本，而企业对于不赚钱的行为是会自发地予以排除的。而帕金森教授在书中阐述了机构人员膨胀的原因及后果——一个不称职的领导者，可能有三条出路：第一是申请退职，把位子让给能干的人;第二是让一位能干的人来协助自己工作;第三是任用两个水平比自己更低的人当助手。这第一条路是万万走不得的,因为那样会丧失许多权力;第二条路也不能走,因为那个能干的人会成为自己的对手;看来只有第三条路最适宜。于是,两个平庸的助手分担了他的工作,他自己则高高在上发号施令。两个助手没有才能,也就上行下效,再为自己找两个无能的助手。如此类推,就形成了一个机构臃肿、人浮于事、相互扯皮、效率低下的组织体系。

不管是做一件事情,还是经营一家企业,并不是人越多越好,有时人员越多,工作效率反而越差。在企业中,只有当每个部门都真正达到了人员的最佳数量,才能最大限度地减少无效的工作时间,降低工作成本,从而达到企业利益的最大化。著名的零售业巨头沃尔玛公司为我们提供了一个很好的案例。

作为全球最大零售企业之一沃尔玛公司的掌舵者,山姆·沃尔顿有句名言:"没有人希望裁掉自己的员工,但作为企业高层管理者,却需要经常考虑这个问题。否则,就会影响企业的发展前景。"他深知,企业机构庞杂、人员设置不合理等现象,会使企业官僚之风盛行,人浮于事,从而导致企业工作效率低下。为避免这些情况在自己的企业内发生,沃尔顿想方设法要用最少的人做最多的事,极力减少成本,追求效益最大化。

从经营自己的第一家零售店开始,沃尔顿就很注重控制公司的管理费用。在当时,大多数企业都会花费销售额的5%来维持企业的经营管理。但沃尔玛则不这样做,它力图做到用公司销售额的2%来维持公司经营!这种做法贯穿了沃尔玛发展的始终。在沃尔顿的带领下,沃尔玛的员工经常都是起早贪黑地干,工作卖力尽责。结果,沃尔玛用的员工比竞争对手少,但所做的事却比竞争对手多,企业的生产效率当然就比对手要高。这样,在沃尔玛全体员工的苦干下,公司很快从只拥有一家零售店,发展到了现在在全球拥有两千多家连锁店。公司大了,管理成本也提高了,但沃尔玛公司却一直不改变过去的做法——管理成本维持在销售额的2%左右，用最少的人干最多的事！

要想解决帕金森定律的症结，必须把管理单位的用人权放在一个公正、公开、平等、科学、合理的用人制度上，不受人为因素的干扰，最需要注意的是，不将用人权放在一个可能直接影响或触犯用人权的公平、公正的人的手里，问题才能得到解决。人是有惰性的，人只有在一定的工作压力和一定的紧张状态下，才能产生激情，集中注意力，将事情做得更快更好。人浮于事的结果是，组织中的人相互影响，相互扯皮，反而会放慢工作的节奏，影响一个团队的效率。从经济的角度来看，用人的精髓就是用最少的人做最多的事情，这样才能充分发挥每个人的力量，追求最大限度的效益。

第七节　奥卡姆剃刀定律——把复杂的工作简单化

奥卡姆剃刀定律是由14世纪逻辑学家奥卡姆的威廉提出的，它的观点是："切勿浪费较多的东西去做用较少的东西同样可以做好的事情。"公元14世纪，英国奥卡姆的威廉对当时无休止的关于"共相""本质"之类的争吵感到厌倦，于是著书立说，宣传唯名论，只承认确实存在的东西，认为那些空洞无物的普遍性要领都是无用的累赘，应当被无情地"剃除"。他所有主张的"思维经济原则"，概括起来就是"如无必要，勿增实体"。因为他是英国奥卡姆人，人们就把这句话称为"奥卡姆剃刀定律"。

简单地说，奥卡姆剃刀定律的内容就是：保持事情的简单性，抓住根本、解决实质，我们不需要人为地把事情复杂化，这样我们才能更快、更有效率地将事情处理好。其实，多出来的东西未必是有益的，相反，会更容易使我们为自己制造的麻烦而烦恼。就像我们的组织不断膨胀，制度越来越冗长，文件越摞越多，但效率却越来越低一样。这都迫使我们使用"奥卡姆剃刀"，采取简单管理、制度清晰、化繁为简的方式，将复杂的事情变简单。也就是说当你同时有两个能得到相同结论的理论时，那么简单的那个更好。此后其深刻意义更是被各领域广泛应用。

美国最大的化妆品公司，经常因为出售的肥皂盒里面是空的而收到客户的抱怨。为了防止生产线上再次发生这样的事情，工程师想尽办法，用了几个月的时间发明了一台X光监视器，放到生产线上透视每一台出货的肥皂盒。而同样的问题也发生在了另一家小公司，他们的解决办法是买一台强力电风扇去吹每一个肥皂盒，被吹走的则是没放肥皂的空盒子。同样的问题，采用了两种截然不同的解决办法。显然，后者更为简单，更好操作。由此可见，复杂的事物不仅消耗我们过多的精力，也容易使人迷失，只有简化后才利于人们的理解和操作。而把简单的事情搞复杂很简单，而把复杂的事情搞简单就很难。

对于一个组织来说，"奥卡姆剃刀"所倡导的"简化"法则提供了一个根本的解决之道，即"无情地剔除所有累赘"。保持事物的简单化是对付复杂与烦琐的最有效方式。具体而言，有三种措施可以帮助我们取得成功，大家可以思考一下：

首先，精兵简政，不断简化组织结构。组织结构扁体化与组织结构非层级化已经成为企业组织变革的基本趋势。在新型的组织结构中，传统的企业组织结构中严格的等级制度已经不复存在，组织中上下有序的传统规则被淡化，员工之间的关系是平等的分工合作关系，基层员工被赋予更多的权力，他们有可能参与部门目标甚至于组织目标的制订，组织内的信息不再是上下级之间的单向传递，而是一种网络化的即时式双向沟通。在这种组织中，顾客的需要成为员工行动的向导，人们的行为具有明确的目标导向。同时，由于员工的积极参与，组织目标与个人目标之间的矛盾得到最大程度的消除。

其次,关注组织的核心价值,始终将组织资源集中于自己的专长。也就是说,组织需要从众多可供选择的业务中筛选出最重要的、拥有核心竞争能力的业务,在自己最具竞争优势的领域确定组织的目标。这样,才能确保组织集中精力,就可以以最少的代价获得最丰厚的利润;反之,如果目标数量过多,往往会使经营者难以同时兼顾太多的业务,从而顾此失彼。韦尔奇上任通用电气公司总裁时,从简洁高效的角度出发,提出"非一即二"原则——必须把本产品做成本行业数一数二的产品,否则一律卖掉。

最后,简化流程,避免不必要的文书作业。事实上,由于个体受自身思维方式的限制,简单的信息远比复杂的信息更有利于人们的思考与决策。因此一个优秀企业的主要特征,就是管理者知道如何保持事情的简单化,不管多复杂的事情都能将其变得简单易行。

不仅在组织管理中如此,在股市投资中也是如此,我们同样可以拿起"奥卡姆剃刀",把复杂事情简单化。运用好这条定律,你就会发现其实炒股很简单,投资盈利也并非想象中的那么难。

有很多投资者都认为股市是勤劳者的乐园,进入其中,必定要焦头烂额、左思右想地研究、分析和频繁操作,也只有这样才可能取得成功,其实这个想法大错特错。仔细想想,我们不难发现,有很多人对于股市倾注了大量的时间、财力和精力,整天匆匆忙忙,却还是难以全盘了解市场中那么多的信息,还有不断出现的新规章和投资新品种。他们总是想着把握一切,但换来的往往只是精疲力竭,或是以亏损收场。

那么,我们应该怎么做呢?根据奥卡姆剃刀定律,投资者首先要做的就是简化自己的投资,要对那些消耗了我们大量时间、金钱、精力的股票加以区分,然后采取步骤去精简它们。

我们不可能每只股票都去研究和关注,因为既没有这个时间,也没有这个必要。因此,就必须要懂得运用奥卡姆剃刀定律来进行选股,对众多的上市公司进行分析,只挑选其中极少数的股票去投资操作。剃掉恐惧、贪娈、盲目、浮躁、轻信和冲动固然必要，然而更要剃掉善变。将复杂、变化多端的股票价格走势看成一个只有"上涨和下跌"两种情况的简单模式。经过了这个过程之后，你就会发现，原来不管上涨还是下跌都有迹可循。很多人其实也都明白这个道理，可是敢于和有能力使用它的人并不多，因为它太平凡了，而投身于股市里的人们却多是一些不甘于平凡的人。

对于某一现象，简单的解释通常比复杂的解释更加准确。所以，如果你有两个类似的解决方案，那么，最好去选择简单明了的。在生活中，只要我们能勇敢地拿起"奥卡姆剃刀"，剃掉所有烦琐的枝节，把复杂的事物简单化，你就会发现做事其实很简单，成功其实离你也并不远。

第八节 破窗理论——不要打坏第一扇窗

许多年前，美国斯坦福大学心理学家詹巴斗进行了一项试验，他找了两辆一模一样的汽车，把其中的一辆摆在帕罗阿尔托的中产阶级社区，而另一辆停在相对杂乱的布朗克斯街区。停在布朗克斯的那一辆，他把车牌摘掉了，并且把顶棚打开。结果这辆车一天之内就给人偷走了，而放在帕罗阿尔托的那一辆，摆了一个星期也无人问津。后来，詹巴斗用锤子把那辆车的玻璃敲了个大洞。结果呢？仅仅过了几个小时，它就不见了。

以这项试验为基础，政治学家威尔逊和犯罪学家凯琳提出了"破窗理论"。正如上文故事讲到的，如果有人打坏了建筑物的窗户玻璃，而这扇窗户又未得到及时修理，别人就可能受到暗示性的纵容去打烂更多的窗户玻璃。久而久之，这些破窗户就给人造成一种无序的感觉，容易增加破坏行为和犯罪率。而其实这样的现象在生活中并不鲜见。

在你家门前的路两旁摆满了很多鲜花，很长一段时间都很整齐。

花也开得很鲜艳。可是有一天,一个过路的女孩看见花好看,就顺手摘了一朵。渐渐地,摘花的人就越来越多了。后来干脆有人把花盆都一起搬走了……

早晨上班时分,路口人流如织。等红灯的人们焦急地望着交通信号灯。终于有一个性急的小伙子等不及了,开始横穿马路。在这种情况下,如果交警或协管员不制止这个愣头青,其他人就会像潮水一样紧跟其后。视红灯若无物。

在干净整洁的广场上,你不好意思随手丢弃纸屑或烟头,而是四处寻找垃圾箱。但如果是一地污物,满阶尘土,你会毫不犹豫地将烟头弹出一个漂亮的抛物线,任其跌落。

从"破窗效应"中,我们可以明白这样一个道理:任何一种不良现象的存在都在传递着一种信息,这种信息会导致不良现象的无限扩展,因此我们必须高度警觉那些看起来是偶然的、个别的、轻微的"过错",如果对这种行为不闻不问、熟视无睹、反应迟钝或纠正不力,就会纵容更多的人"去打烂更多的窗户玻璃",就极有可能演变成"千里之堤,溃于蚁穴"的恶果。

企业在经营过程中,对待随时可能发生的一些"小奸小恶"的态度非常重要,特别是对于触犯企业核心价值观念的一些"小奸小恶",执法必严是非常必要的。

有的员工对规章制度漫不经心,常常我行我素。对这些员工,有时确实需要严加管束,甚至可以把他们调到更能发挥独立性的工作岗位上去。但大多数员工并非如此,他们愿意照章办事,也希望有独立进行判断的机会。管理者站在一个很高的角度上,他看到的应该比他的下属更全面而且彻底。当员工出现错误时,就应该明确地告诉他,他的做法错了,为什么错了,怎么做才是最好的,应该能给员工一个详细而合理的分析。这样,员工既明了问题的实质性,也会对你信服,否则,即使你的初衷是正确的，员工也会因为认识的局限性对你加以否决，还会给你戴上一顶"粗暴的管理者"的帽子。

管理者要想让员工取得工作的进展，就要允许员工犯错误。但是，在员工第一次犯了错误以后，就要和他认真分析犯了什么错误，为什么会犯这样的错误，在处理错误的程序上，要尽力做到让员工明明白白，这样才不至于一犯再犯，把小错误演变成大错误，把偶尔犯错演变成经常犯同样的错误。

在公共管理方面，纽约市警察局对纽约地铁的管理可以作为一个经典的案例。纽约的地铁被世界认为是"可以为所欲为、无法无天的场所"，直到有一天，纽约市交通警察局长布拉顿从"破窗理论"中得到启发，针对纽约地铁犯罪率长期居高不下的情况，采取了一系列的措施。例如，号召所有的警察熟悉关于提高"生活质量"的法律，他以"破窗理论"为原则，在地铁站重大刑案不断增加的时候，他却全力打击逃票行为。结果令人惊讶地发现，每七名逃票者中，就有一名是通缉犯；每二十名逃票者中，就有一名携带枪支、刀具。令人欣慰的是，从抓逃票开始，地铁站的犯罪率竟然开始快速地下降，治安大为好转。从他的做法中我们也可以看出，小恶是滋生犯罪的温床。

以下是管理者引导员工改正自己错误的正确程序，大家可以作为参考：

其一，宽容的态度。作为管理者，不但要培养耐性，而且要有包容下属犯错误、引导员工在错误中学习的雅量，更要帮助员工培养自我管理的技能。

其二，指出错误的原因。要让犯错误的员工明白自己真的错了，以及这种错误的后果如何，下一步该怎么做才能不重复这种错误。

其三，重视员工的错误。不要对自己说这只是偶然事件，以后绝不会再发生。越早处理问题，解决起来也越容易。

其四，了解员工为什么会犯同样的错误。你的员工思考问题的方式可能是正确的，动机也是好的，但却不全面。他可能注意到了你忽略的一方面问题，可能在进行同样的思考前就做出了冲动的反应，原因多种多样，管理者应该先了解真正的原因。

其五，同员工一起分析这次的错误。既然已经知道员工犯错误的原因，你就不仅能把自己的判断和发生的情况联系起来，还能将其与员工所采取的方法联系起来。你要能向你的员工指出，想法是好的，但没有得到足够的信息，所以导致他判断失误。如果这位员工看到了你忽略的问题，你要就此向他表示感谢，看看该做什么工作。如果这位员工忽视了你的规矩，行事非常冲动，问题就变得比较严重了。但是，如果问题已经清楚，处理起来就比较容易了。

其六，让员工马上改正。请注意，这里用了"马上"一词，这是因为只有这样，才会在员工热情最高的时候（或者说是最愿意改正错误的时候），迅速而准确地改正（必要时需要你告诉员工改正的正确方法），这样才能得到最完美的效果，而不是先把问题搁置一边，等到员工几乎已经忘了他所犯的错误以及犯错误的原因时，再把员工叫来责令其改正，这时，员工极易产生抵触情绪，当然，效果也最差。

把需要马上改正的任务交给员工自己去做，切忌越俎代庖。即使经过最好的培训，如果没有及时实践的机会，员工也会很快忘掉所学的东西。这里最好的方法莫过于让员工自己直面困难，直面问题，在实践中锻炼，这样，他在以后的工作中才会错得越来越少，能力越来越强，把工作做得越来越好，从而使工作趋于完美。

其七，让员工自觉从错误中吸取教训。员工不对自己的错误进行反思的原因是他们不知道如何反思。缺乏自我反思首先是一个能力问题。如果员工缺乏能力，无法很好地完成任务，对他们抱怨是没有用处的，你应该果断采取相应的措施。

其八，避免其他员工再犯同样的错误。如果这是一个很典型的错误，那么管理者就应该让其他的员工都看到这样的错误，并能在工作中绕过这个陷阱。

简而言之，如果能遵循以上几点，你和员工就都能从一个错误中得到学习。这样，下次你们就会做得更好。说员工有所得，是因为他更好地理解了你的规章制度；说你有所得，是因为你对员工的工作态度和工作方式有了更深入的了解。

第六章
为商之道——熙熙攘攘，利来利往

最有可能挣到钱的途径就是做一个商人，这一点已经是大家的共识了。然而在现实生活中，不同的人经商的结果却各不相同。同处一个环境、同在一个时代、同受一样的教育，有的人却财源滚滚，有的人却捉襟见肘。难道真的是"生死有命，富贵在天"吗？其实不然。关键还在于我们不懂得商业经济学。本节就是通过研究大量商业成功的现象并解析，得出怎样才能快速挣钱之法。这就是接下来要给你讲的为商之道。

第一节 注意力经济——那些哥哥姐姐背后

什么是"注意力经济",这是随着我们逐步迈入信息时代所产生的一个新词。最早正式提出"注意力经济"这一概念的是美国的迈克尔·戈德海伯1997年在美国发表的一篇题为《注意力购买者》的文章。他在这篇文章中指出,目前有关信息经济的提法是不妥当的,因为按照经济学的理论,其研究的主要课题应该是如何利用稀缺资源。对于信息社会中的稀缺资源,他认为,当今社会是一个信息极大丰富甚至泛滥的社会,而互联网的出现,加快了信息资源发展进程,信息非但不是稀缺资源,相反是过剩的。而相对于过剩的信息,只有一种资源是稀缺的,那就是人们的注意力。

著名的诺贝尔经济学奖获得者赫伯特·西蒙在对当今经济发展趋势进行预测时指出:"随着信息的发展,有价值的不是信息,而是注意力。"这种观点被IT业和管理界形象地描述为"注意力经济"。

获取财富的过程中营销的重要性是不言自明的,销售的第一步,是必须让对方注意到。卖什么得吆喝什么,这"吆喝"其实就是吸引人的注意力,争夺眼球不过是吸引注意力的一种非常形象的说法。商场如战场,市场经济同时也是一场不见硝烟的争夺利润之战,并且随着社会越来越信息化,争夺消费者眼球之战越演越烈,网络的出现,更把这种争夺消费者眼球之战推向了极致。早在1996年,英特尔前总裁葛鲁夫就曾说过:"整个世界将会展开争夺消费者眼球的战役,谁能吸引更多的注意力,谁就能成为下世纪的主宰。"这种说法既有趣又见解深刻,也征服了人们的眼球和耳朵。

我们可以总结出"注意力经济"的特点：第一，它不能共享，也无法复制；第二，它是有限、稀缺的；第三，它有从众的特点，受众人群可以相互交流、相互影响；第四，注意力是可以传递的，曾在网络上风靡一时的芙蓉姐姐现象就证明了这一点；第五，注意力产生的经济价值是间接体现的。进一步来说，"注意力经济"就是依靠吸引大众的注意力，以获取经济收益的一种经济活动。而要吸引大众的注意力，最重要的手段之一就是视觉上的争夺，因此，注意力经济也被称为"眼球经济"。而在现在的社会里，最红火的眼球经济就是贩卖八卦的隐私经济了。星空音乐台（Channel V）的一句宣传语赫然就是"生活没八卦，世界多可怕"。

人们对隐私的消费，先源自需求，也就是有人想知道这些隐私。知道这些隐私做什么？无非是满足人们的好奇心和窥视心理。经济学家梁小民说过，好奇心是人类的天性，满足好奇心和满足人类其他欲望一样没有差别，对隐私的了解也是人们的一种欲求。这种隐私激发起的好奇心越强烈，人们就越愿意掏钱来得知这些隐私。就像八卦上的名人隐私一样，明星的名气越大，大众对他的关注越多，也就越好奇，这样的隐私也越卖钱。

尽管人们对隐私的消费是非理性的（非出于实际生存需要，而是内心冲动），但市场上需求和供给的存在，仍让"隐私经济"开展得如火如荼。尤其是明星的隐私，因其吸引人眼球，蕴涵着巨大的经济效益，"狗仔队"和娱乐杂志更是愿意不惜代价去获得他们的隐私，且大多数情况下，获得隐私的成本远远小于贩卖的收益。

谁抓住了公众的眼球，谁就可以最早获得经济利益。当今社会，在强大的媒体的推波助澜之下，"眼球经济"比以往任何一个时候都要活跃：电视需要关注，只有收视率才能保证电视台的经济利益；杂志需要关注，只有发行量才是杂志社的经济命根；网站更需要关注，只有点击率才是网站价值的集中体现。处于这样一个崇尚创新和敬仰造势的时代，任何和庞大有力、引人注目之类的词有关联的事物本身就是成功的一种标志。

但是，注意力经济并非完美无瑕，无懈可击。首先，侵犯他人隐私是一种不道德的行为，时不时就能看见明星暴打娱记的新闻，这时候一般舆论都是一边倒。大家喜欢隐私，可并不待见"狗仔队"。其次，在道德边缘游走是很危险的，一不小心就会触犯法律，等着你的可能就是牢狱之灾。所以在祭出注意力经济这招之时，一定要注意合理合法，在这一点上，我很欣赏芙蓉姐姐的一句话："在成名的道路上，我从没有伤害过任何人，也请外界不要继续伤害我！"顺带一提，瘦身成功的芙蓉姐姐，挺有明星范儿的。

第二节　商道之始——诚实守信是挣钱的前提

为商逐利那是本业，自不必言，但赚钱赚得连良心都没了，这就愧为人了。中国有一句老话——君子爱财，取之有道——说的就是赚钱得凭良心。这句话经历了几千年的风风雨雨，不光没过时，在现在还真有拿出来大讲特讲的需要。

2011年4月，《消费主张》节目曝光上海市浦东区的一些华联超市和联华超市的主食专柜都在销售同一个公司生产的三种染色馒头，高庄馒头、玉米馒头和黑米馒头。染色馒头是通过回收馒头再加上着色剂做出来的，而且生产日期随便更改，食用过多会对人体造成伤害。

据央视《每周质量报告》的3·15特别节目《"健美猪"真相》报道，河南孟州等地养猪场采用违禁动物药品"瘦肉精"饲养，有毒猪肉流向了双汇。济源双汇食品有限公司是河南双汇集团下属的分公司，以生猪屠宰加工为主，有自己的连锁店和加盟店，"十八道检验、十八个放心"的字样随处可见，但却不包括"瘦肉精"检测。济源双汇食品有限公司采购部业务主管承认，他们厂的确在收购添加"瘦肉精"养殖的所谓"加精"猪，而且收购价格比普通猪还要贵一些。这种猪停喂"瘦肉精"一周后，送到他们厂里卖的时候就不容易被查出来。河南孟州、沁阳、温县等地一些添加"瘦肉精"养殖的生猪，也都卖到了济源双汇。

如果继续写下去的话，这个单子可以列很长很长……如此频发的食品安全事件，使得广大民众已经"出离愤怒"了，但只能用无力的戏谑来表达关注。网上流传过这样一个段子："日本核辐射事件发生后，中国人民表示毫无压力。因为吃着苏丹红、毒奶粉、地沟油、染色馒头、瘦肉精长大的中国人民早已百毒不侵，区区辐射无足挂齿。"发生事件并不可怕，可怕的是发生事件已经融入我们的生活中形成一种习惯，变得麻木，甚至被拓上"中国特色"这样的印记。

出现这种情况的原因，主要在于现今社会定位的偏差。在现实中，很多人将财富的多少定位为身份的象征。因此，他们一味追求赚钱的多少。但有一个问题，就是他们在赚钱问题上存在短视心理和行为。许多人建立企业仅仅是为了赚钱，他们从没把公司真正当一份既为了让自己幸福又方便他人和社会的事业来做，他们只看眼前挣钱的多少。追求高利润不追求忠实客户、追求数量不追求质量，只顾个人腰包不管员工温饱……有的老板认为，市场经济的核心就是"金钱万能论"，只要能获取最大的利润，任何经营手段包括假冒伪劣、诓人行骗都可以使用。而其理论根据就是市面上招摇过市的大批关于商场厚黑学的书籍，它们引经据典，大肆兜售"脸皮厚、心眼黑"的赚钱诀窍，使一个个"奸商的面孔"跃然纸上。

为商者必须有德，诚信是这个市场能够良好运转下去的前提。诚信是市场经济的基本要素，诚信能够降低社会的交易费用，提高经济运行的效率。也可以说，诚信影响着国民经济的运行和发展。如果商家不恪守诚信原则，必将影响消费者的购物热情，商品便会大量积压，出现供大于求的现象，长期下去必然会引起生产的停滞，导致人们收入水平的下降，如此恶性循环，国民经济的发展便无从谈起。

而商业道德是以信誉为基础的道德，它既肯定了商人与公司追求个人利益和小团体利益的合理性，同时又要求商人和公司"以诚为本""公平交易""货真价实""童叟无欺""重合同、守信誉"。商业道德反对"欺行霸市""以次充好"，反对垄断和权钱交易。商业伦理的建立需要相应的法律来强化人们的道德意识，如果违规者得不到惩罚，总是受到宽待，商业伦理就会成为没有约束力的东西。

1835年，约瑟·摩根还是一位普普通通的公司职员。他从没想过发什么大财，只要能在稳定的收入之余得到一笔小小的外快就足以让他心满意足。一个偶然的机会，摩根注册成为一家名叫"伊特纳火灾"的小保险公司的股东。这家公司不用马上拿出现金，只需在股东名册上签上名字就可成为股东，这正好符合当时摩根没有现金却想获得收益的情况。然而，摩根成为这家保险公司的股东后没多久，一家在"伊特纳火灾"保险公司投保的客户发生了火灾。按照规定，如果完全付清赔偿金，保险公司就会破产。股东们一个个惊慌失措，纷纷要求退股。这个时候，摩根斟酌再三，认为自己的信誉比金钱更重要，于是他四处筹款并卖掉了自己的住房，低价收购了所有要求退股的股份。

然后，他将赔偿金如数付给了投保的客户。一时间，伊特纳火灾保险公司声名大噪。身无分文的摩根成为保险公司的所有者，不过，保险公司由于资金严重短缺濒临破产。无奈之中他只得打出广告：凡是再到伊特纳火灾保险公司投保的客户，理赔金一律加倍给付。他没有料到的是，没多久，指名投保火险的客户蜂拥而至。原来在人们心中，伊特纳公司是最讲信誉的保险公司，这一点使它比许多有名的大保险公司更受欢迎。伊特纳火灾保险公司迅速崛起。

结果，摩根不仅为公司赚取了利润，也赢得了信用资产。信用资产不仅让自己终身受用，甚至可以让后代子孙来继承。约瑟·摩根的孙子就是后来主宰美国华尔街金融帝国的金融巨头J.P.摩根。J.P.摩根的大女婿沙特利，曾在日记中记载了J.P.摩根生前最后一次为众议院银行货币委员会所做的证词，他的核心证词只有两个字——信用！

市场经济奉行竞争原则。只有竞争，经济才能发展，社会才能进步，消费者才能受益，国家才能富强。我们不妨把商业竞争视为一种竞争性游戏。在所有竞争性游戏中，参与者不能奉行利他主义，他必须为个人或本团体的利益、名次和奖金去拼搏。如果竞争者们全都讲谦让、讲仁义、讲无私、讲奉献，竞争格局就无法产生。

商业竞争的参与者——不论是个体工商户还是股份有限公司，不论是合伙企业还是跨国公司——都以追求利润最大化为目标，都想以最小投入获得最高回报。但是，任何游戏或竞赛都不能没有规则：不能不加遏制地放纵利己主义，不能容忍参与者暗中作弊、损人利己、内外勾结、巧取豪夺。它必须有一种游戏规则，一种道德规范。

第三节　广告——酒香也怕巷子深

相信没有人喜欢看广告的，现在的广告委实有点太多了。从睁眼开始，到闭眼结束，广告充斥着我们生活的每一个角落。还好现在没有厂商能把广告做到梦里去，否则这日子没法过了。广告这个词来自希腊文，本意就是大喊大叫，引起他人的注意，这很自然。在奴隶社会初期的古希腊可没有报纸电视，人们只能通过叫卖贩卖奴隶、牲畜，公开宣传并吆喝出有节奏的广告。古代商业高度发达的迦太基——广大地中海地区的贸易区，就曾以全城无数的叫卖声而闻名。中国的吆喝也很出名，就像这一句"磨剪子嘞，锵菜刀——"，相信年纪大一点的人都听到过。

大规模的广告随着17世纪西方资本主义迅猛发展，大规模的商业活动日益增多而出现。在现代商业活动中，广告起着举足轻重的作用。广告的本质有两个，一个是广告的传播学方面，广告是广告业主达到受众群体的一个传播手段和技巧；另一个指广告本身的作用是商品的促销。总体说来，广告是面向大众的一种传播。不管广告讲得对还是错，它每天都在各种媒体上"大喊大叫"，人们肯定会受影响。受影响的人多了，也就成了一种消费时尚。

广告不同于一般大众传播和宣传活动，主要表现在：广告是一种传播工具，是将某一项商品的信息，由这项商品的生产或经营机构（广告主）传送给一群用户和消费者；做广告需要付费；广告进行的传播活动是带有说服性的；广告是有目的、有计划的，是连续的；广告不仅对广告主有利，而且对目标对象也有好处，它可使用户和消费者得到有用的信息。

广告一直以来都被认作是企业进入市场的入场券。一个美国商人曾形象地说：商品如果不做广告就犹如女人在一间漆黑无比的屋子里向她的情人抛媚眼。的确就目前的经济环境来看，可以说假如没有广告，再物美价廉的商品，如果不能被消费者所了解，那么它也不会被社会所认可。广告做得好，用报纸包一块石头，都能卖个好价钱。在这方面，有一个小故事流传甚广：分隔德国的柏林墙倒塌的时候，遗留下一大堆垃圾。如果花钱来请人清理，至少需要一大笔钱。有一个德国商人突发奇想，花了一小笔钱就包下了所有的废墟，然后把柏林墙的断壁残垣都敲打零碎了，用透明的包装袋塑封起来，做成钥匙扣、城徽等各种各样的纪念品，然后大做广告，标语就是"把柏林墙搬回家"。如此一来，生意做得红红火火。可见，广告的魅力足可以让"垃圾"变成"宝贝"。

既然广告有这么多积极的效果，为什么我们不多花钱做一些广告呢？事实上有时广告太多，人们无力购买，其产品也会引起人们的反感，而且更重要的是成本问题。广告与宣传不一样，广告是要付钱的。在一个社会或一个地区内，少数几家企业激烈竞争的情况下，如果一家企业增加了它的广告费，其他企业也会仿照增加，结果可能谁都没有得到预期的效果，可广告费却恶性膨胀，最终达到"多输"的结局。但是，有一点可以肯定，如果没有广告，大家也不会有那么丰富多样的报纸、杂志和电视节目看，也不会有电台节目可听。据专家估算，市场上的报社、杂志社收入的90%都是从广告费用中来的，而不是靠卖报纸、杂志获得收入的。钱花得多，并不一定能保证广告的效果就好。秦池酒曾经是家喻户晓的全国品牌，于1996年和1997年连续两年成为中央电视台的"标王"。可是"成也萧何，败也萧何"，广告给秦池酒带来了前所未有的收益，使秦池走上了超常规发展的道路，但巨额的广告费也为秦池的迅速覆亡埋下了祸根。究竟花多少广告费才合适，我们现在只能从经济的角度用数学公式推导，还没有人能从社会的观点来衡量。

不过回过头来看，广告烂也能烂出知名度来。就像"今年过年不收礼，收礼只收脑白金"这句广告语，几乎是人尽皆知。可以说脑白金的广告刚一打出来就得罪了广告界，更是引来了无数叫骂，但是在接二连三的批评中，脑白金的销量却是在不断飙升。其老板史玉柱对这种现象发表了这样的论述："我们每年都蝉联了'十差广告'之首，黄金搭档问世后，排名第二的是黄金搭档，但是，你要注意到的是'十佳广告'是一年换一茬，'十差广告'是年年都不换。"对于脑白金的广告，相信没有不厌烦的，它以洗脑的方式每天都在播。不管你怎么回避，脑白金的声音、画面都会无孔不入地钻进你的脑袋里。于是，在它的地毯式轰炸之后，一提起保健品你首先想到的就会是脑白金。在买礼品拜访亲戚朋友时，我们也总会希望选择一个众所周知、家喻户晓的品牌产品。因此，脑白金的广告轰炸策略便取得了成功。写到这里我又想起来另外一个让我深恶痛绝的广告："恒源祥，羊羊羊。"可以说虽然这些广告在经济上是成功的，但是却并没有让我们的生活更加美好。接下来给大家推荐一些优秀广告，希望广告业者以下面这些为榜样：

英国洗衣店老板威廉姆斯在报上刊登广告："本店招聘身强力壮、身体肥胖而又想减肥的女工，从事繁重但报酬优厚的洗衣工作。凡愿减轻体重者，望从速前来洽谈。"

日本有一家钟表店推出一款手表，店主的推销广告是："这种手表走得不太准确，24小时会慢24小时，请君购买时要三思。"

有一理发店在门前贴出的广告是："别以为你丢了头发，应看作你赢得了面子。"

一家饭店门前立的广告牌上写着："请你到这里来用餐吧！否则你和我都将挨饿了。"

一家美国报刊登的一则招聘广告："招聘女秘书，长相像妙龄少女，思考像成年男子，处世像成熟女士，工作起来像一头驴子！"

英国乡村一家理发店，在门前立着一块大木牌，上面写着："先生们，我要你们的脑袋。"

美国洛杉矶一家妇女用品商店有一则广告写道："您在这儿可以买到所需要的一切，除了丈夫以外。"

法国一家印刷公司的广告："除了钞票，承印一切。"

中国现代广告的发展史，仅仅只有二十几年。但广告所带来的经济效应，已经渗透到了当今社会上的每一个角落。广告是市场经济的产物，是在现代这个大的经济背景之下应运而生的。它凭借其发达的传播速度引导生产和消费，最重要的是，它促进了市场经济的发展和完善。广告的重要性，曾经被人这样形容过"无论你走到哪里，都走不出广告的势力范围"，可见广告在当今的社会经济生活中，已经无处不在。所以我们在进行商业活动的时候，也要充分利用这一工具，才能把自己的企业做大做强。

第四节　路径依赖——走自己的路，让别人跟去

商界流传这样一句话，一流公司做标准，二流公司做品牌，三流公司做产品。这里的标准，指的就是同类产品的技术标准，即具备先进生产技术、工艺的企业，利用自身的技术优势将官方、行业制订的产品技术标准提高到自己能达到而竞争对手难以达到的水平，将对手封杀在产品生产领域之外，或者至少也要牵着对手的鼻子，让它疲于奔命，危机四伏。随着竞争的国际化程度进一步提高，能在全球范围内制定营销标准将是赢取市场的关键。

为什么标准有如此之大的威力，这得从"路径依赖"开始说起。"路径依赖"是由美国经济学家道格拉斯·诺思提出的。他用这条理论成功地阐释了经济制度的演进规律，并获得了1993年的诺贝尔经济学奖。

路径依赖类似于物理学中的"惯性"，人们一旦进入某一路径，无论路径本身是好是坏，都可能对这条路径产生依赖。这是因为，人在生活中存在着自我强化和报酬递增的机制。这种机制会使人们一旦选择走上某一条路径，就会按照原来的轨迹发展，不断地自我强化，轻易走不出去。所以在经济学中好的路径会对企业自身起到正反馈的作用，通过惯性和冲劲，不断产生好的效益，使企业发展进入良性循环；而不好的路径会对企业起到负反馈的作用，同样是因为惯性，就会使企业陷入错误的沼泽不断下沉，宛如厄运循环，可能会被锁定在某种低层次循环的

状态下，无法自拔。

技术变迁具有自我强化、自我积累的性质。新技术的采用往往具有报酬递增的性质。由于某种原因，首先发展起来的技术常常可以凭借领先的优势地位，利用巨大规模促成的单位成本降低，利用普遍流行导致的学习效应和许多行为者采取相同技术产生的协调效应，致使它在市场上越来越流行，人们也就相信它会更流行，从而实现自我增强的良性循环。相反，一种具有较之其他技术更为优良的技术却可能由于迟到一步，没有获得足够的跟随者，而陷入恶性循环，甚至"锁定"在某种被动状态之下，难以自拔。在生活中，一旦某些事物变得习以为常，那么想要扭转它就会非常困难，因为需求决定供给，这使得所有生产者必须适应人们的需求，从而走向"路径依赖"。

对于这一点，有一个很有趣的故事。美国铁路的两条铁轨之间的标准距离是4英尺8.5英寸，那么，为什么不用整数，比如用5英尺作为标准距离呢？这就需要我们了解这个标准是从何而来的。

原来这是遵循了英国的铁路标准。因为美国最早的铁路是由英国殖民者修建的。那么英国人为什么要用这个标准呢？原来英国的铁路是电车所用的标准，那电车的铁轨标准又是从哪里来的呢？原来造电车的人以前是造马车的，而他们沿用的正是马车的轮宽标准。

马车为什么要用这个标准呢？因为那时候的马车如果用其他轮距，马车的轮子一定会在英国凹陷的路上撞坏的。那些路上的辙迹的宽度就是4英尺8.5英寸。而这些辙迹又是从哪里来的呢？是古罗马人所设定的。在欧洲，所有的路都是由罗马人为他们的军队所修的，4英尺8.5英寸正是罗马战车的宽度。如果有人用不同的轮宽在这些路上行车的话，那轮子的寿命都不会长。那么，罗马人为什么以4英尺8.5英寸这个距离作为战车的轮距宽度呢？答案很简单，这正是当时牵引一辆战车的两匹马屁股的宽度。

第六章 为商之道——熙熙攘攘，利来利往

有趣的是，美国航天飞机燃料箱的两旁有两个火箭推进器，因为这些推进器造好之后要用火车运送，路上又要通过一些隧道，而这些隧道的宽度只比火车轨道宽一点，因此火箭助推器的宽度由铁轨的宽度所决定。所以，今天世界上最先进的运输系统的设计，在两千年前便由两匹马的屁股宽度决定了！

路径依赖有好处也有坏处，就个人而言，路径依赖不是一件好事。举例来说，一个人已经在一家公司工作两年了，可是依旧没什么发展，他也觉得自己并不适合这份工作，将来也不会有什么成就。但是好歹干了这么久，工作的流程、内容也都熟悉了，而且这份工作还非常稳定。要是真离开这家单位，其他的工作也不见得能干好，而且要从头再来。他仔细想了很久，最后决定还是留下来再等，万一能有升职的机会，要是走了岂不可惜。结果一年之后，遇上金融危机，公司裁员，很不幸地，他被解雇了。失业之后他重新找了一份工作，在一家电脑公司里做销售，结果他干得十分出色，很快就加薪了。这时，回想从前，他特别后悔，如果当初自己早点辞职就好了，白白浪费了一年的时间。

而在经商的时候，开辟一条新路，让别人依赖，是一个非常好的决策。走自己的路，让别人跟去吧。戴尔公司成功的两大准则就是后来风靡世界的"直接销售"和"市场细分"模式。其内核就是——真正按照顾客的要求来设计制造产品，并把它在尽可能短的时间内直接送到顾客手上。从1984年戴尔退学开设自己的公司，到2002年排名《财富》杂志全球500强中的第131位，其间不到20年时间，戴尔公司成了全世界最著名的公司之一。正是初次做生意时的正确路径选择，奠定了后来戴尔事业成功的基础。

第五节 捆绑销售——1+1＞2

在现在的生活中，捆绑销售是一件很常见的事情。尤其是在超市的折扣区里，经常会有各种各样、五花八门的商品附带一些赠品。买可乐赠薯片，买牛奶赠塑料杯，买衣物消毒剂赠洗衣液。商家又不是慈善家，做这些活动自然是要获利的。从经济学角度来说，捆绑销售是"共赢"的一种形式，指的是两个或多个品牌在商品促销过程中互相合作，以扩大它们的销售力度，从而共同取得前所未有的盈利能力与市场竞争力。

让我们来看一个例子。可口可乐与北京大家宝薯片共同演绎的"绝妙搭配好滋味"促销活动，其实就是绝妙地运用了捆绑销售的营销策略。那么，可口可乐为什么要采取这样的销售方式呢？显然，这是根据年轻人吃零食的习惯而定的。现今很多年轻人在吃薯片的时候都喜欢来一杯碳酸饮料，所以将这二者捆绑在一起出售，很多人会觉得既实惠又方便，使双方达到共赢。这是一个成功的案例，在无形中便促进了销售。相反，假如将可口可乐与其他物品搭配在一起，比如牛奶等一起出售，效果就没那么理想了。

捆绑销售为什么会成为一种流行的营销策略呢？因为它具有以下特别优势：

首先，捆绑销售可以降低销售成本。通过学习交流，获得学习效应，提高营销效率，降低销售成本；通过共享销售队伍来降低销售成本；通过与生产互补产品的企业合作广告，降低广告费用。

其次，捆绑销售可以提升服务层次。通过与其他企业共享销售队伍、分销渠道，能够更方便顾客购买，提供更好的服务，来提高产品的差异性，增强顾客的忠诚度。

再次，捆绑销售可以达到品牌形象的相互提升。弱势企业可以通过和强势企业的联合捆绑，提高企业产品和品牌在消费者心中的知名度和美誉度，从而提升企业形象和品牌形象。强势企业也可以借助其他企业的核心优势互补，使自己的产品和服务更加完美，顾客满意度进一步增强，品牌形象也更优化。

最后，捆绑销售可以增强企业抗风险能力。通过企业间分工协作，优势互补，形成大的虚拟组织，提高企业抗冲击的稳定性，以虚拟的组织模式变"零散弱小的船只"为强大的"航空母舰"。

捆绑销售的形式主要有以下几种，大家可以作为参考：

一是包装捆绑。如汰渍洗衣粉，在包装袋上印有衬衫、洗衣机等品牌；反过来，衬衫、洗衣机也推荐使用汰渍洗衣粉，品牌互补，大家共同得利，节省了资源。这样的例子还有很多，比如，牙膏与牙刷捆绑、洗发水与沐浴液及毛巾捆绑。

二是定位捆绑。对于新上市的品牌，可以从定位上考虑如何"绑"一下知名品牌。通过和已有品牌直接捆绑，来形成自己的定位，并宣扬自己独特的优点。对于市场份额较小的品牌，也可以考虑将自己与市场领导者捆在一起，借此获得一种名声，并分得市场领导者一部分市场份额。

三是信息传播捆绑。相关性产品集中在一起进行传播，既增加了整体传播力度，又节省了大笔资金。比如"浪奇"木瓜白肤香皂"绑"了一次《南方都市报》，把样品随报赠送给消费者，取得了良好的效果。又如，"力士"洗发水"绑"了《化妆品报》，"舒肤佳""绑"了《中华医学会》，不一而足。

四是销售捆绑。把几种产品做成统一包装进行销售。如把牙膏、牙刷、香皂等放在一个包装盒里销售，相对来说，价格较低，消费者得到了实惠，自然也就愿意购买。

如何少花钱、多办事，为商业活动节省资金、降低成本、提高竞争力，是我们共同关心的话题。但不要走向另一个极端，为了省钱，什么都"绑"。搞得捆绑在一起的产品风马牛不相及，甚至引起消费者的反感。"捆绑销售"不是倾销,不是折价销售,更不是买一送三。我们应把它看成是一种集宣传、销售、促销等多种因素集合在一起的全新系统,目的是节省资源、提高效力。合理的捆绑销售方式能给生产者带来良好的销售效果。

第六节　品牌效应——挖掘心理价值

有这样一个笑话,午夜,两个窃贼偷偷摸摸进了一家商场,他们想趁夜半无人之时,大捞一笔。可没想到,在他们花了老大的劲儿,终于进入一家大专卖店时,却发现收银台里没有现金。无奈之下,两人只好对着满室的衣服大发牢骚。

突然,一个人对着另一个人说:"不公平,太不公平了!"

另一个人问:"为什么?"

第一个人大叫:"都说我们是抢劫犯,太冤枉了。这套衣服才是抢劫犯呢,还是光明正大地抢。你看这标签。"

让这两个窃贼产生强烈不满的那套衣服为什么有如此高的标价,原因就两个字——品牌。在经济学中,品牌是给拥有者带来溢价、产生增值的一种无形的资产。它的载体是用以和其他竞争者的产品或劳务相区分的名称、术语、象征、记号或者设计及其组合,增值的源泉来自消费者心智中形成的关于其载体的印象。这就是品牌效应的力量。我们买东西自然是要买使用价值,但是因为买卖双方的信息不对称,使得我们不知道这件东西的真实价值究竟有多少,所以我们会倾向去购买牌子更好一点的东西,多的钱就算买了个放心。不仅如此,品牌背后还有着更大的力量,那就是一股心灵的满足感和炫耀的力量,正是为了这些,大家才会乖乖地掏钱,还美其名曰"买个牌子"。

马斯洛总结的"人的五个层次的需求"也叫"自我实现"理论。这五个需求从低到高依次是生理的需求、安全的需求、社交的需求、尊重的需求和自我实现的需求。而对于大多数人来说名牌效应正是满足了最后两个层次的需求。名牌可以让你得到别人的尊重。某种程度上，品牌说明了你的品位和个人价值，也是一种自我实现的表现。

名牌具有的潜在效益，根源在于最初建立名牌时的投入。在市场上，企业的产品价格主要受成本、需求和竞争等因素的影响，而名牌产品的定价还要考虑其无形资产的价值。一个名牌就是一笔财富，具有丰富的价值内涵。

首先，是名牌的成本价值。成本价值是形成名牌效益的物质基础，培育一个名牌产品往往要付出更高的投入。企业需要聘请专业机构进行市场调研、委托专家设计产品等。而当产品投入市场之前，还需要投入更多的广告宣传费用。企业在打造名牌之前，往往还要注重产品的商标包装，比如美国的埃克森公司，就曾为自己的一个汽油商标支付设计、咨询、印刷等费用超过10亿美元。

其次，名牌具有的信誉价值。信誉价值主要是指名牌在市场上较高的知名度与美誉度，这是构成名牌价值的重要组成部分。知名度反映了消费者对名牌产品的了解和熟悉程度；美誉度体现了消费者对名牌的认同与偏好程度。名牌产品的信誉价值在市场上具有强大的影响力和吸引力，也成为企业的重要资源和持续发展的动力，其为企业创造的潜在效益甚至远远高出企业研发产品时的成本投入。

说到底，名牌的生命保障其实就是产品的质量。在市场之中，名牌产品无一不是以优质赢得消费者的。而企业为了维持名牌产品的质量是需要付出较高代价的，如采用先进的技术、精湛的工艺、优质的原料以及独特的配方，等等。所有这些投入，都只是为了享受到更多的名牌效益"产出"。

为了要保持住名牌产品的质量领先地位，企业往往会为其制订一个较高的价格，这样才能弥补名牌产品的成本并且加大对名牌产品的科技投入和广告投入，使其成为市场上的常青树。我们经常会看到，在市场上，一件名牌服装的价格是普通服装的数倍，甚至数十倍。而消费者一旦认可了名牌产品，多数都会心甘情愿地付出较高的代价。

投入成本巨大，是为了得到更好的回报。在市场经济中，企业会着重打造自身的品牌。品牌是消费者保证自身购买到高质量商品的最有效方法，因为品牌使消费者更容易判断产品的质量，也能促使企业保持自己的品牌声誉。

品牌的功能作用主要有两个：

第一是培养消费者对其品牌的认知度与忠诚度。形象广告时代，消费者的选择大部分基于品牌形象所提供的附加价值，这就是品牌忠诚度。消费者对某一商品认可或不认可，在很大程度上取决于这种商品的市场销量和品牌知名度。对消费者来说，商品品牌是自己身份、地位、个性、价值观甚至于人品的体现。品质精良、把握国际流行设计风尚、不断精进的舒适性能、切实可信的"贵族气息"才能吸引"非草根阶层"的垂青。

第二是通过商品差异化，赋予商品较高的稀少价值。小孩子说：要买就只买××品牌。虽然当父母的高呼商品贵得不得了，但厂家却不管这么多，只要确保小孩子们喜欢就行。通过在设计上花工夫，在品质上赚噱头、在外观上增加时尚感等，让消费者在进行比较时获得优越感及满足感，给这个阶层的消费者提供能让其感到独一无二的商品或服务。无论市场上同类商品的品种有多少，但寻找这个品牌的消费者却始终不缺。

第七节　二八定律——二十等于八十

二八定律，也叫20/80法则，是20世纪初意大利统计学家、经济学家维尔弗雷多·帕累托提出的。他指出：在任何特定群体中，重要的因子通常只占少数，而不重要的因子则占多数，因此只要能控制具有重要性的少数因子即能控制全局。这个原理经过多年的演化，已变成当今管理学为人熟知的二八定律——即80%的公司利润来自20%的重要客户，其余20%的利润则来自80%的普通客户。

二八定律存在于社会经济中的各个角落，它的本质就是不平等关系的问题。例如，从财富分配的角度上看，20%的人却占有了80%的财富，20%的投资换来的是80%的回报，企业80%的利润来自20%的客户。社会上，20%的罪犯占了所有罪行的80%；在家里，无论是茶几还是地毯，80%的磨损都出现在了20%的位置上等。由此，我们可以得到一个重要的启示，因为我们80%的收获来自20%的努力，而80%的精力换来的只是20%的成果。那我们不妨就放弃这20%的成果，把80%的精力放到其他事情上去，这样，我们就可以提高工作效率，不再盲目地付出了。

被称为"20世纪最大失败投资"的铱星公司，就是被二八定律套牢的典型例子。铱星系统是美国摩托罗拉公司设计的全球移动通信系统。它所推出的铱星电话——"在世界的任何地方都能打通的电话"，技术上无可匹敌，可就是这样的一项尖端技术，却在运营两年后宣布破产，这是为什么呢？除了运营上的问题外，它所犯下的最致命的错误就是"覆盖全球"这样一个目标。地球上80%都是人迹罕至的海洋、高山和极地。为了这个理想化的目标，而要把这些地域归入通信网络，不但要大量发射卫星，还要承担卫星维护的巨额费用，实在不是明智之举。最重要的是，这些地方所能产生的利润都是微乎其微的。所以，这些成本都要由那其余20%地区的用户买单，导致铱星电话的价格过高，在市场竞争中节节败退。这就是在经济学中，没有掌握二八定律的原理而最终以惨败收场的例子。

美国企业家威廉·穆尔在为格利登公司销售油漆时，头一个月仅挣了160美元。此后，他仔细研究了犹太人经商的二八定律，分析了自己的销售图表，发现他80%的收益来自20%的客户，但是他过去却对所有的客户花费了同样多的时间——这就是他过去失败的主要原因。于是，他要求把他最不活跃的36个客户重新分派给其他销售人员，而自己则把精力集中到最有希望的客户身上。不久，他一个月就赚到了1000美元。穆尔学会了犹太人经商的二八定律，连续九年从不放弃这一法则，这使他最终成为凯利—穆尔油漆公司的董事长。

根据使用产品的数量或频率可以将顾客分为少量使用者、中等使用者和大量使用者。大量使用者虽然在所有使用者中所占的比例较小但其消费量却非常大。如在洗发香波市场中，大量使用者和少量使用者的使用量分别占79%和21%；在啤酒市场中，两者的使用量分别占87%和13%，显然洗发香波公司应努力吸引大量使用者——每天洗发和每次用量较多的消费者，而不应花费过多的精力去吸引几个少量使用者；啤酒商也应该以大量饮酒者作为目标顾客，而不是把目标对准偶尔品尝啤酒的消费者。因为赢得一个大量使用者所获得的销售量是很多个少量使用者的总和！

运用二八定律，我们还可发现针对老顾客营销的意义。长期以来在生产观念和产品观念的影响下，企业营销人员关心的往往是产品或服务的销售。他们把营销的重点集中在争夺新顾客上。其实，与新顾客相比，老顾客会给企业带来更多的利益，精明的管理者在努力开发新顾客的同时，会想方设法将顾客的满意度转化为持久的忠诚度，像对待新顾客那样重视老顾客的利益，把与顾客建立长期关系作为目标。

针对关键顾客的营销，运用二八定律还可以帮助我们挖掘出一些关键顾客的价值。在营销过程中，企业不仅要对顾客进行量的分析，而且要进行质的分析。有些关键顾客，或许他们的购买量并不大，不能直接为企业创造大量的利润，但却可以产生较大的影响。比如国内颇具实力的名牌企业，或者是有国际排名的跨国企业，如果能成为他们的供应商，企业会在市场推广、企业形象宣传、公共关系等方面获得难以估量的潜在利润。所以企业应该努力争取得到一些有较大影响力的关键顾客。不过他们往往在购买过程中比较挑剔，购买程序也比较烦琐，企业可能要付出更大的营销努力才能得到少量的订货。因此平时就要注意苦练内功，不断提高竞争力。

二八定律不仅在经济学、管理学领域应用广泛，它对我们的自身发展也有重要启示，让我们学会避免将时间和精力花在琐事上，要学会抓主要矛盾。一个人的时间和精力都是非常有限的，要想"做好每一件事情"是不可能的，要学会合理分配我们的时间和精力。要想面面俱到还不如重点突破，把80%的资源花在能出关键效益的20%的方面，这20%的方面又能带动其余80%的发展。

第八节　长尾理论——小需求催生大产业

滴水穿石，聚沙成塔。有些时候一些小的需求也不容忽视，在别人都在为了那20%的重要领域攻城略地的时候，就有一些人来到了80%不重要的区域，也取得了成功。这就是"长尾理论"。

"长尾"这一概念是由《连线》杂志主编克里斯·安德森在2004年10月的《长尾》一文中最早提出的，用来描述诸如亚马逊和Netflix之类网站的商业和经济模式。他将集中了人们需求的流行市场称为"头部"；而有些需求是小量的、零散的、个性化的，这部分需求所形成的非流行市场就是"尾巴"。长尾效应的意义在于"将所有非流行的市场累加起来就会形成一个比流行市场还大的市场"。这就是"长尾理论"：一个小数乘以一个非常大的数字等于一个大数，许许多多小市场聚合在一起就成了一个大市场。

Google公司是一个最典型的"长尾"公司，其成长历程就是把广告商和出版商的"长尾"商业化的过程。数以百万计的小企业和个人，此前他们从未打过广告，或从没大规模地打过广告。他们小得让广告商不屑，甚至连他们自己都不曾想过可以打广告。但Google公司的AdSense把广告这一门槛降下来了：广告不再高不可攀，它是自助的，价廉的，谁都可以做的，对成千上万的Blog站点和小规模的商业网站来说，在自己的站点放上广告已成举手之劳。Google公司目前有一半的生意来自这些小网站而不是搜索结果中放置的广告。数以百万计的中小企业代表了一个巨大的长尾广告市场。这条长尾能有多长，恐怕谁也无法预知。

无独有偶，中国的网络传奇马云也和中小网站有着不解之缘，据说这与他自己的亲身经历有关。当年，竞争对手想要把淘宝网扼杀在"摇篮"中，于是同各大门户网站都签了排他性协议，导致几乎没有一个稍具规模的网站愿意展示有关淘宝网的广告。无奈之下，马云团队找到了中小网站，最终让多数的中小网站都挂上了他们的广告。此后，淘宝网歪打正着地红了，成为中国首屈一指的C2C商业网站。马云因此对中小网站充满感激，试图挖掘更多与之合作的机会，结果让他找到了重要的商机。2008年6月18日，马云的第七家公司阿里妈妈网站宣布正式上线。

长尾理论的基本原理是聚沙成塔，创造市场规模。长尾价值重构的目的是满足个性需求，通过创意和网络，提供一些更具价值内容，更个性化的东西，在得到顾客认可的同时，激发其隐性需求，开创一种与传统面向大众化完全不同的面向固定细分市场的、个性化的商业经营模式，但并没有改变弱肉强食的市场规则。长尾市场激活,标志着经济学上新的市场机会和交换方式的产生;长尾市场解放,是对以往需求方规模经济的扩展,也是对传统学院派经济学理论的新补充和发展,它将在理论和实践上不断更新微观经济学的一些传统观点和方法,并在新环境下指导市场执行者获取真正的效益。而蓝海战略("蓝海"代表当前尚不存在的,蕴涵巨大利润和高速增长机会的新兴市场,即未知的市场空间)的基本原理是价值创新,通过创造市场规则挖掘传统市场边界之外的潜在需求,提供个性化产品和服务。

就如彩铃等数字音乐的出现,让深受盗版之苦的中国唱片业,找到了一个陡然增长的、心甘情愿地进行多次小额支付的庞大用户群。此前,有意愿进行金额可观的正版音乐消费的客户群,其数量少得可怜。

如果说"长尾理论"是一种理论观点的探讨,甚至是经济生活中的一种经济业态,无可厚非,但如果以它引导企业行为,其结果未必是乐观的。

首先,"长尾理论"更适用于采取窄而深商品结构的专业商店。这一类型的商店力图营造这样的商品特色:只经营某类窄小市场的商品,并拥有无限多的消费选择。普通超市经营的主要是多品类的日常生活用品,顾客购物行为有严重的从众倾向,很难出现个性化需求。而专业商店例如Simple life店和"哎呀呀"饰品店主要经营的是选择性强的专业消费品市场,这类市场顾客更注重个性化和多样化需求的满足。对于这类消费品市场,长尾商品往往可以累积起来形成一个足够大的量,与主流热门商品相匹敌,这就要求该类商店经营者对市场进行更准确的定位,对商品进行更精细化的管理,才能实现"长尾效应"。亚马逊的成功在于它几乎收集了接近100%的书籍书目,而与其他网络书店相比的核心优势在于,大多数网络书店能做到90%,但亚马逊能做到100%,对众多选择者来说,亚马逊提供了别人无法提供的接近无限的选择。目前为止除了亚马逊,其他成功的长尾案例都集中在一个领域中,并在所在领域做透做彻底。当然,亚马逊也开始满足消费者多种的需求,但书籍仍是核心业务。

其次,应用"长尾理论"不能忽视可能带来的成本增长因素。从理论上来说,无数个冷门商品汇聚起来,完全可以得到与热门商品相匹敌的巨大利润空间。但事实上,商店增加销售每件新产品都可能会带来一定成本的提高,如果增加新产品的边际利润小于边际成本,则增加冷门产品经营得不偿失。因为小批量、多品种和灵活的经营方式所额外付出的成本,只能通过收取额外的价格来补偿。而一旦由于种种原因,产品或服务的价值未能被消费者感知和认同,他们就不会支付企业所希望的价格,这时商品的成本就不会得到补偿,企业就不能继续生存下来。因此,运用"长尾定律"必须小心翼翼,保证任何一项成本都不随销量的增加而激增,最差也是同比增长。最理想的长尾商业模式是,成本是定值,而销量可以无限增长,这正是网络商店运用"长尾理论"更有优势的原因。

最后,需要强调的是,商店经营者不能因为"长尾理论"而对"二八定律"全盘否定,"长尾理论"只是一个补充,许多情形下,实体商店经营者会发现"二八理论"运用起来更有效。"长尾理论"提醒经营者关注长尾商品,并不是要经营者忽略热门商品的存在,而是给经营者提供一个新的经营思路——在特定的消费市场,我们完全可以走一条新路来避免恶性竞争。目前,越来越多的冷门产品随时都可以买得到,尾部正在变长,这一点没人怀疑。但是尾部可能会十分扁平,里面充斥着各种冷门产品,而这些产品不过是消费者偶尔的消遣,事实上,多数消费者对热门产品的热情总是有增无减。因此,对于大多数传统店铺而言,增加商品销售的成本往往大于其带来的利润,盲目崇拜"长尾理论"也会带来不良的后果。

"长尾理论"是把双刃剑,只有对它正确认识且能正确运用它的人,才能运用它来为自己创造财富。否则就会一败涂地。因此，对待"长尾理论"的正确态度是，要慎重，要因产品制宜，一般情况下，单一企业不宜使用。

第九节 区位——一家店成功与否的关键因素

大学时期上过的一堂经济地理课，到现在记忆犹新。那是一个温暖的暮春午后，老师正讲到店铺选址里的经济规律，大家都昏昏欲睡，沉闷的课堂上突然听到老师喊道："Location, Location, and Location！"所有人都被吓清醒了。这句话翻译过来就是，区位、区位、还是区位！在经济地理学里面，这句话就如同供求定理在经济学中一样，是金科玉律。

选址是影响企业经济效益的重要因素，对于商店来说，占有"地利"的优势，就可以吸引顾客。实践证明，由于店铺所处的地理位置不同，尽管在商品质量、服务水平方面基本相同，也可能会导致经济效益方面的差距。而且选址是制订经营目标和经营战略的重要依据。商业企业在制订经营目标和经营战略时，需要考虑很多因素，其中包括对所在地进行研究，从而为企业制订经营目标提供依据，并在此基础上按照顾客构成及需求特点，确定促销战略。

说了这么多，让我们以全世界最会开店的一家公司来做例子，看看人家是以什么准则来选址的。1987年，肯德基进军中国，在北京前门开设了中国第一家餐厅。此后，它便像雨后春笋般发展壮大。地点是饭店经营的首要因素，餐饮连锁经营也是如此。肯德基的快速扩展，与其正确选址密不可分。在选址上，肯德基要经过两级审批，一级是地方公司，另一级是总部。它在选址上的成功率几乎是百分之百。正确的选址方法使它的营业额一直保持在较高的水平上，有着强大的竞争力。肯德基在中国的成功值得开店的商家借鉴一二。

其一，划分商圈精心选择。肯德基在计划进入某个城市之前，会先通过有关部门或专业调查公司收集这个城市的有关资料，其中许多资料是公开的，不需要花钱去买，而有些资料是不惜花巨资买来的。在资料收集齐全后，肯德基再开始规划商圈。商圈规划采取的是计分的方法，例如，这个地区有一个大型商场，商场营业额1000万元算一分，在此基础上累计加分，有一条公交线路加多少分，有一条地铁线路加多少分。这些分值标准是他们多年平均下来的一个较准确的经验值。通过打分，他们把商圈分为市级商业型和区级商业型，以及旅游型、社区型、商住两用型等。在规划商圈之后，肯德基再开始选择商圈，即确定目前重点在哪个商圈开店。在商圈选择的标准上，一方面要考虑自身的市场定位，另一方面也要考虑商圈的稳定度和成熟度。

餐厅的市场定位不同，吸引的顾客群就不一样，商圈的选择也就不同。肯德基的市场定位以家庭成员为主要消费者，重点是较容易接受外来文化和新鲜事物的年轻人。关于这一点，肯德基在选址上也经过慎重的考虑。

在具体的选址上，肯德基一贯遵循一条原则：一定要等到商圈成熟后才进入。肯德基没有等待商圈成熟的耐心和习惯，也不会冒这个险，肯德基采取的是稳健的原则，保证开一家店就成功一家。

其二，测算聚客点，计算人流量。确定在某个商圈开店之后，肯德基还要确定这个商圈内最主要的聚客点。因为即使是一个很成熟的商圈，也不可能任何位置都是聚客点。无数实践证明，在基本相同的街区，有的饭店生意兴隆，而有的就惨淡经营，有的甚至关门大吉，问题就与聚客点有着直接的关系。

找到主要的聚客点，聚客点的人流是怎样的，客人朝哪里走，肯德基都派人进行计算和测量，计算出单位时间里有多少人经过该处，除了人行道上的人流，还要测马路中间的人流和马路对面的人流。得出一套完整的数据之后，肯德基才据此确定地址。

在测算流量的时候，肯德基甚至把马路中间的隔离带、马路的宽度都考虑进去了。马路的宽窄也是他们考虑的一个重要问题。他们喜欢比较窄的马路，因为在他们看来，如果马路过宽的话，马路中间一定会有隔离带。在这种情况下，马路对面的顾客就不可能绕道过来消费。在一系列的数据都测算完备后，他们将其输入计算机，通过专门的软件测出投资额。

一般人小家小业的，自然无法跟肯德基相比，我们也没有必要做得这么专业，下面是一些选址的原则，大家可以作为参考：

首先，找店多的地方开店。商业的聚集会产生"规模效应"，一方面，体现所谓的"一站式"消费，丰富的商品种类满足了消费者降低购物成本的需求，而且同业大量聚集实现了区域最小差异化，为聚集地消费者实现比较购物建立了良好基础；另一方面，经营者为适应激烈的市场竞争环境，谋求相对竞争优势，会不断进行自身调整，在通过竞争提升自己的同时让普通消费者受益。正因为如此，聚合选址使商家能够充分发挥自己的优势，吸引更多的消费者。

其次，预算不多的话，在你所属意的地段中找寻合适的伙伴，共用一个店面，不但可以节省租金，如果同一屋檐下的两种行业，顾客属性雷同且产品可以互补的话，更可以收到相辅相成之效。时下这些复合店的形式极多也相当常见，例如，书店与咖啡厅、饰品与服装店、陶艺品与茶艺馆、冷饮与小吃、书店与文具、家用电器与计算机、房产中介与装修工程等，都是常见的组合。

尽管在选择经营场地时，各行业的考虑重点不尽相同，但是有两项因素是绝对不可忽略的：

因素一，租金给付的能力。经营场地租金是最固定的营运成本之一，即使休息不营业，都照样得支出，尤其在房价狂飙后，租金往往是经营者的一大负担，不能不好好"计较"。有些货品流通迅速、体积小而又不占空间的行业，如精品店、高级时装店、餐厅等，负担得起高房租，可以设于高租金区；而家具店、旧货店等，因为需要较大的空间，最好设置在低租金区。

因素二，租约的条件。租约有固定价格及百分比两种，前者租金固定不变，后者租金较低，但业主分享总收入的百分比，类似以店面来投资做股东。例如，以固定租金方式每月需5000元；而百分比方式则是业主每月只要3000元房租，但须再另算总收入的10%或更多。租期可以定为不同时限，对于初次创业者来说，最划算的方式是订一年或两年租期，以预备到期是否有更新的选择。

第十节　信息——时代不同，重要性相同

少校对值班军官说：今晚8点左右，在这个地区可能看到哈雷彗星，这种彗星76年才能看见一次。命令所有士兵身穿野战服在操场上集合，我将向他们解释这一罕见现象。如果下雨的话，就在礼堂集合，我为他们放一部有关彗星的影片。

值班军官对上尉说："根据少校的命令，今晚8点，76年出现一次的哈雷彗星将在操场上空出现。如果下雨，就让士兵身穿野战服前往礼堂，这一罕见现象将在那里出现。"

上尉对中尉说："根据少校命令，今晚8点，非凡的哈雷彗星将军将身穿野战服在礼堂出现。如果操场上有雨，少校将下达另一个命令。这种命令每隔76年才下达一次。"

第六章　为商之道——熙熙攘攘，利来利往

中尉对上士说："今晚8点，少将将带着哈雷彗星在礼堂出现，这是每隔76年才有的事。如果下雨，少校将命令彗星穿上野战服到操场上去。"

上士对士兵说："在今晚8点下雨的时候，著名的76岁的哈雷将军将在少校的陪同下，身穿野战服，开着他那辆'彗星'牌汽车，经过操场前往礼堂。"

随着经济学研究的深入，特别是随着社会信息化进程的加快，人们认识到，信息在传递的过程中，往往存在失真的可能性。而信息的失真又会给我们带来额外的成本，因此，我们需要利用现代信息技术。减少信息传递的不必要环节。完全信息是做出有效决策的前提条件，谁获得的信息丰富又准确，谁就在经济生活中领先一步。真实可靠的信息，也是我们成功的关键。而信息在商业活动中，则是获利的关键。一个没有信息来源的人，所做的一切决策都像是在黑洞洞的屋子里面乱摸；相反，一个能够掌握住信息的人，则能取得巨大的成功。

美国南北战争快要结束的时候，市场上的猪肉价格相当高。亚默尔从自己收集的各方面的信息来分析，认为这种现象不会持续太长时间了，因为一旦战争结束，猪肉的价格就会立即跌下来。于是，他更加关注战事的发展，因为他相信不久之后，市场上即将发生一次大的转变，而他可以从中抓住商机做一笔大生意，从而猛捞一笔。

他像往常一样，天天阅读报纸。有一天，他发现报纸上写着这样一篇新闻，里面说一个神父在南方军队李将军的营区里遇到几个小孩子，小孩子们拿着许多钱问神父怎么样可以买到面包和其他吃的东西。据孩子们讲，他们的父亲是李将军手下的军官，几天以来都没有吃过面包了，而大人带回来的马肉又非常难吃，所以他们才会到处买面包。

这本是一段普通的新闻，但是在亚默尔看来，这里面却充满了发财的商机，他对以前所获得的信息进行分析后，做出了判断，连李将军的大本

营里面都出现了宰马匹来吃的现象,就说明战争就要结束了。对亚默尔来说,战争的结束也就意味着他发财的机会就要来临了。他立刻与东部市场签订了一个大胆的销售合同,将自己的猪肉以较低的价格卖给对方,并约定迟几天交货。

在当时的情况看来,这批猪肉的价格实在是太便宜了,于是当地的销售商们都对此感到兴奋,当然都踊跃进货。没过几天。战争果然发生了根本性的变化,市场的猪肉价格一下子就跌了下来。而亚默尔那一批猪肉早就销售一空,他从这一次的行动中共赚取了一百多万美元的利润,从而实现了他之前的愿望。

就是报纸上不引人注目的一则小新闻,亚默尔却能从中发现商机,并利用自己的科学分析预见到生财的可能性,再加上他行动果断,想到了就立刻去做,从而使自己把握住因战争产生的商机,大赚了一笔。

在当今这个竞争激烈的市场环境中,拥有广泛的信息网络,是个人成功的关键。现代社会的发财商机几乎包括政治气候、社会风气、文化现象等多方面的内容,甚至对于有些经营者来说,人类出生率的高低和贫富比例这些专业的资料都是商业信息。或者再深入一些,其他同行公司的生产动向,自己公司生产的产品是否受消费者的欢迎,等等,都是我们所讲到的信息。对于一般人来讲,如果市场发生大的变动或提供大的契机,是很容易发现的。因为这些机遇的征兆很明显,信息的暗示性很强烈。但是,这样的信息被大多数人捕获,真正属于你的机会有多大呢?所以,要想独辟蹊径地寻找生财机会,就必须留意那些被大多数人忽略掉的"小"信息。

经济学家纳什说过:"当对手知道了你的决定后,就能做出对自己最有利的决定。"同样,在策略选择中,信息是最关键的因素。只有掌握了信息,才能做出准确的行动。

只有掌握了市场的信息,知道市场需求,才能拓展思路,打开局面,在残酷的竞争中站稳脚跟。

在社会上，谁掌握了信息，谁就掌握了整个局面；而如果信息闭塞，那么就会陷入逆向选择的困境。例如，你用很少的钱买了一箱银元，你觉得自己占了便宜，那么此箱银元是真是假的判断就至关重要。一旦是赝品，哪怕它被铸造得再逼真，你也彻底赔掉了，除非你把银元再卖给别人。在信息不对称的情况下，也就是大家对银元都不知道真假，都没有判断银元真假的技术的情况下，这箱银元便会在市场上大行其道。如果你碰见一个行家，那么你就可能赔了夫人又折兵。这是投资里的逆向选择，是由信息隐匿造成的，因为对项目信息没有全面而深刻地把握和了解。

在生活中，所有成就大事业的人，无不是对信息十分敏感，他们往往信奉信息决定一切，掌握了信息也就掌握了世界，所以在他们的事业发展过程中，经常是一片坦途，很少发生逆向选择的触礁事故。在信息经济时代，就得像亚默尔一样，及时捕捉信息，并及时利用，让信息为你所用，实现你的生财梦想！

第十一节 蓝海战略——为企业找到新天地

蓝海战略是由欧洲工商管理学院的W.钱·金和莫博涅提出的。蓝海是相比较红海而言的，而所谓的红海就是竞争已经饱和的领域。蓝海战略认为，聚焦于红海等于接受了商战的限制性因素，即在有限的土地上求胜，却否认了商业世界开创新市场的可能。运用蓝海战略，视线将超越竞争对手而移向买方需求，跨越现有竞争边界，将不同市场的买方价值元素筛选并重新排序，从给定结构下的定位选择向改变市场结构本身转变。

江龙发是广东廉江石头劲镇人，到2000年，江龙发的固定资产已经超过6000万元了，年利润800万元，其产品销售到马来西亚等国家和我国的台湾地区。到2002年，其资产已近1.3亿元。

江龙发初中没毕业，就出来学手艺，先学修车，后来与初中同学推销电饭锅。跟着同学上山下乡，全国跑。三个月后，他掌握了这一门的诀窍。根据三个月来的了解，廉江电饭锅行业发展迅速，全市大大小小的电饭锅企业有近百家，不出廉江就可以采购到电饭锅的所有部件，全市年产电饭锅近千万个，占当时全国市场1/4的份额。但廉江电饭锅企业的销售方式却非常的原始。他们不是主动出去推销，而是等客上门。如果主动出去开拓市场，那空间应该很大。某日，他联系上第一单业务，订单一万元，并顺利做成。他信心大振，从此，他跑遍了全国各地，到年底，他净赚了40万元。

在跑电饭锅业务的同时，他发现我们这个国家的"地大物博"另有意义：东南博，西北却薄。不只是电饭锅，所有电器销售，在广州和西部是两个世界：广州遍地都是的东西，在西部又稀罕又贵！他来到汉中，满城一逛，见只有一个广东人在这里做电器生意，于是他决定决战汉中。1997年下半年，他在汉中租了一个门面搞电器批发。把廉江那些遍地都是的电饭煲、电水壶等弄过来。这一批发，门前一时车水马龙，把原来那个广东人的零售生意活活给挤垮了。半年过去，他赚了四百多万元。

从硬碰硬的红海竞争到开创新的蓝海，可使用六条路径重建市场边界：

第一，跨越他择产业看市场。一家企业不仅要与自身产业对手竞争，而且要与替代品或服务的产业对手竞争。

第二，跨越产业内不同的战略集团看市场。

第三，重新界定产业的买方群体。

第四，跨越互补性产品和服务看市场。

第五，跨越针对卖方的产业功能与情感导向。

第六，跨越时间参与塑造外部潮流。

一个企业永远不应将其眼睛外包给别人，伟大的战略洞察力是走入基层、挑战竞争边界的结果。蓝海战略建议绘制战略布局图将一家企业在市场中现有战略定位以视觉形式表现出来，开启企业组织各类人员的创造性，把视线引向蓝海。

通常，企业为增加自己的市场份额努力保留和拓展现有顾客，常常导致更精微的市场细分，然而，为使蓝海规模最大化，企业需要反其道而行，不应只把视线集中于顾客，还需要关注非顾客。不要一味通过个性化和细分市场来满足顾客差异，应寻找买方共同点，将非顾客置于顾客之前，将共同点置于差异点之前，将合并细分市场置于多层次细分市场之前。

非顾客可以分为三个层次：

第一层次，徘徊在企业的市场边界，随时准备换船而走的"准非顾客"。这些"准非顾客"，在找到更好的选择前，只是最低限度地使用现有产品和服务，一旦有更好选择就会换船而走。例如针对上班族无所适从的午餐，英国Pret A Manger快餐厅关注上班族午餐的共同需求：快速、新鲜、健康，提供新鲜美味的成品三明治，免除餐位，将购买行为缩短为90秒，每年在英国得以售出2500万份三明治。

第二层次，有意回避市场的"拒绝型非顾客"。因为市场现有产品或服务不可接受或者超过他们的经济承受能力而不使用。1964年德高广告创造了"街道家具"概念，此前户外广告为公路广告牌和运输工具广告，广告呈现时间很短，德高意识到缺乏市中心固定广告放置点是产业不受欢迎的原因，为此，德高通过向市政府免费提供街道家具及其维修保养，出售广告空间获得高达40％的利润率。

第三层次，处于远离市场的"未探知型非顾客"。产业内的企业通常从未把这些"未探知型非顾客"定为目标顾客，这些人的需求常常被想当然认为属于其他市场，如果企业知道他们丢弃的此类顾客数量之大肯定大吃一惊。例如牙齿增白从来被认为是牙医的事儿，当最近口腔护理厂商着眼于这种需求时，市场随之爆炸般膨胀。

让我们来看几个成功的蓝海战例。1997年夏天开始，北京街头几乎所有的冷饮网点都被"和路雪"和"雀巢"两个外国品牌所覆盖。但这些产品大多都在2元以上，高的达5元、6元，几乎没有1元钱的产品。这就造成了冰激凌产品价格的一个盲点。伊利公司以其敏锐的洞察力发现了这一价格的"盲点"，很快就以"优质低价"的产品赢得了众多消费者的青睐。江苏启东盖天力制药股份有限公司，受美国一种白天和晚上成分不同的片剂药启发，开发出了"白加黑"这种颇具新意的感冒新药。该药一应市便受青睐，头一年就创下销售额2亿多元的纪录。海尔公司为了拓展跨国市场，也注重从市场"盲点"入手。他们在对美国市场进行大量调查后，发现200升以上的大型冷柜品牌众多，竞争残酷激烈，而160升以下的小冷柜却是一个需求空档。于是抓住契机，一举推出了60～160升的系列小冷柜。结果一炮打响，仅在纽约，两个月就销售了1万多台。

许多企业在经营中，一直将策略思考集中于以竞争为本位的红海策略上。企业将所有心思都放在红海上，就无异于接受了蕴含在战争中的某些限制因素，例如地域的有限性、必须战胜对手才能成功等，而否认了企业这种独特的"创造无竞争对手的新市场空间的能力"。这正是蓝海战略所透露出的核心观点——寻找突破点，在看似绝望的"红海"中开辟出一片光明的"蓝海"。

只要你留心观察，便会发现人们的消费观念不断更新，人们天天都有新的需要。虽然行业看似齐全，但总存在着满足不了的人类生活日益增长的需求。只要你勇于开发无人问津的领域，找到这些空白点，并保持自己独有的特色，便能得到人们的认可，自然，也可从中获得财富。

松下幸之助说过，无论什么时候，企业都在激烈竞争的旋涡中，为了不在竞争中落后，必须将对方经营的想法、动向摸得一清二楚。如果等对方采取行动才来研究对策,在这个变化多端、竞争激烈的时代,是注定要落伍的。可见,企业自己应该明确自己的市场地位,应该知道自己该走什么路,在竞争激烈的市场中寻找到市场空白,稳定和发展自身的市场占有率,使自己的产品在市场中起到引领的作用。

第七章
理财投资——一生二，二生三，三生万物

理财热兴起于20世纪90年代，那是一个所有人的钱包都飞速鼓起来的时代，随之走红的还有"你不理财，财不理你"的口号，让理财成了一个全民化的行动。一般人谈到理财，想到的不是投资，就是赚钱。实际上理财的范围很广，理财是理一生的财，也就是个人一生的现金流量与风险管理。个人理财就是通过对财务资源的适当管理来实现个人生活目标的一个过程，是一个为实现整体理财目标设计的统一的互相协调的计划。这个计划非常长，有三个核心意思：第一，财务资源，要清楚自己的财务资源有哪些；第二，生活目标，要对自己的生活目标有清醒的认识；第三，要有一系列统一协调的计划，要保证所有的计划不会冲突，经过协调都能够实现。

第一节 储蓄——在稳定中增值

节俭,是中华民族的传统美德,所以储蓄就成了中国人理财的首选,在老一辈人心中更是占据着很高的地位。中国的储蓄率连年居高不下,2020年中国总储蓄率为45.7%。中国是全球储蓄率最高的国家之一,这之一以外还有哪些国家呢?举个例子——连年战乱的海地。当然对于中国人来说,结婚、购房、子女教育、赡养父母等各生活阶段花费的高成本,导致家庭预防性储蓄额度非常高,但是也不能否认"中国人爱存钱"。

时代在变,中国的消费习惯也在变,现在的年轻人群中涌现出了大批的"月光族",每个月的工资总是花得精光,殊不知存款是一种十分必要的理财手段,有时候会给我们的工作生活带来意想不到的惊喜和机会。

藤田田的大名在日本几乎是无人不晓,他是日本所有麦当劳快餐店的主人。但他年轻的时候也和许多人一样只是一个打工仔。不过他却把眼光放在美国的麦当劳上了。那时候,麦当劳是世界闻名的连锁快餐公司,想要获得特许经营权,至少要有75万美元的现金,但藤田田只有5万美元。

为了实现经营麦当劳的理想,藤田田决定去贷款。一天早上,他敲响了日本住友银行总裁办公室的门,然后诚恳地向银行总裁说明了来意。银行总裁问他现在手里的现金有多少。"我有5万美元!""那你有担保人吗?"总裁问。藤田田说没有。总裁说:"那你先回去吧。我们会讨论一下你的要求。"言下之意,就是委婉地拒绝了。在最后时刻,藤田田充满信心地说:"我有最后一个请求,您能不能答应?"

藤田田说:"您能不能听听我那5万美元的来历?"

总裁点头默许。于是藤田田开始说道:"您也许会奇怪,我这么年轻

第七章 理财投资——一生二，二生三，三生万物

怎么会拥有这笔存款？因为几年来我一直保持着存款的习惯，无论什么情况发生，我每个月都把工资奖金的1/3存入银行。无论什么时候想要消费，我都会克制自己咬牙挺过来。因为我知道，这些钱是我为干一番事业积攒下来的资本。"

听了这话，总裁不禁被这个年轻人的毅力和恒心触动了，他说："你能不能告诉我你存款的银行的地址？我要查证一下你的话是否诚实。"接下来的几天内，他给藤田田存款的银行打去了电话，得到了对方银行肯定的答复。放下电话，他马上打电话给藤田田，真诚地说："我们住友银行，无条件地支持你经营麦当劳的举动，请选择一个日期来办理贷款手续吧！"

这位总裁后来对藤田田说道："藤田田先生，我的年龄是你的2倍，我的工资是你的30倍，可是我的存款到现在都没有你多。年轻人，你会很了不起的。我不会看错人的，加油吧！"在银行这位贵人的帮助下，藤田田成了日本商界叱咤风云的人物。储蓄为藤田田带来了第一桶金，更重要的是藤田田对待财富的态度给他的人生带来了机遇。

存款是指存款人在保留所有权的条件下，把使用权暂时转让给银行的资金或货币，是银行最重要的信贷资金来源，也是银行最基本的业务之一。传统意义的银行盈利就在于息差，没有存款就没有贷款，也就没有银行。

存钱好是好，不过也得分情况、讲策略，如果钱越存越少就失去存钱本身的意义了。在现实生活中，很多人可能都会有这样的想法，认为把钱存进银行里，银行给利息，自然就会赚到钱。但是，大家认真想过自己到底赚了还是亏了吗？因为人们往往不会考虑存钱的细节和方式，这就让一部分的利息从我们的手指缝中漏掉了。

杨梅来北京工作已经两年了，因为工资有限，想学人家炒股、买基金，又怕承担风险，就索性把钱都存进了银行，觉得这样保险一些。她当

时存入的是5000元钱，可一年下来，取时连本带息一共是5180元，她初步估算了一下，这180元的利息连通货膨胀率都抵消不了。当然我们不能说杨梅亏了，毕竟假如这笔钱不存进银行，这180元都拿不到，不过还是有办法能拿到更多的。

那么，其中究竟有什么奥秘呢？这还要从"利率"说起。利率又称利息率，在经济学中表示一定时期内利息量与本金的比率，通常用百分比表示，按年计算则称为年利率，其计算公式是：

$$利息率 = 利息量 \div 本金 \div 时间 \times 100\%$$

在通常的情况下，因为可以获得利息，人们把钱存进银行是有利可图的。但是在通货膨胀的情况下就不一定了。当通货膨胀率高过银行存款利率时，如果你只把钱存在银行里，就会发现财富不但没有增加，反而随着物价的上涨缩水了。这就是所谓的存款实际收益为"负"的负利率现象。所以学会一些储蓄妙招对你稳妥理财是非常有用的。

同样多的钱，存的方法不一样，获得的收益也会不一样。比如，你有5万元以上的资金，并且你这笔钱随时都可能用，不能存成定期，如果你直接拿去银行存活期，虽然用时支取比较方便，但也只能获得活期的利息，万一存的时间较长呢，三个月、半年甚至一年，不是就会损失掉很多利息吗？这时你可以选择起存金额5万元的"通知存款"业务。

还有一种存钱的办法，让本金生息的同时，让利息也同时生利息。这种办法是将存本取息与零存整取两种储蓄方法组合使用。比如你有2万元，你先将本金存入存本取息账户，1个月后，取出该月的利息，再开设一个零存整取账户，然后每月将存本取息的利息存入零存整取的账户。这样存本取息的利息，在存入零存整取的账户后又获得了新的利息。

一般刚步入社会的年轻人存款并不多，收入主要以工资为主，这时可以用"滚雪球"式的方式存钱。具体的方法就是将每个月攒下来的钱存一年的定期，那么，这一年下来，你的手中就有了12张存单。等到第二年的时候，不管到了哪个月都可以取出到期的存款。当然，如果到期时你并不需要用钱，可以将本金和利息一起，继续存一年定期。

这样有规律的存款方式也可以说是一种强制存款的方式。每月按时存入工资的剩余部分，养成一种"节流"的好习惯，可以严格地控制自己的消费欲望。同时，这种"滚雪球"的方法还可以保证利息不会从你的手指缝中漏掉了。

我们"不要把鸡蛋放在同一个篮子里"，要学会分开储蓄。假定你现在有10万元的现金，可以将它分成1万元、2万元、3万元、4万元的不同额度来储蓄，每份都存一年的定期。那么，在这一年之内不管你需要多少钱，都可以取出和所需金额数接近的那张存单，剩下的可以继续享受定期的利息，不会造成过多的损失。这样既能满足用钱需求，也能最大限度得到利息收入。

这种方法适用于一年之内有用钱的可能，但不确定什么时间、多少金额的情况。所以用这种切割分份的储蓄法，不仅利息会比存活期储蓄高很多，而且在用钱的时候也能以最小的损失取出所需的资金。如果我们把所有的存款都存进一个账户里，也就等同于经济学上的"把鸡蛋放到了同一个篮子里"，等到用钱而存款又未到期时银行就会把这10万元的利息全用活期的利率来核算，那我们无形中就损失了很多。

最后一点，我们要懂得同时储蓄。具体的操作是：假定你的手中有4万元现金，可以把它平均分成两份，每份2万元，然后分别存成半年和一年的定期存款。半年后，如果你不需要用钱的话，可以将到期的半年期存款改存成一年期的存款，并将两张一年期的存单都设定成为自动转存。这样交替储蓄，循环周期为半年，每半年就会有一张一年期的存款到期可以用。这种方法灵活实用，可以满足我们的不时之需。

理财方式多种多样，简单的储蓄都可以玩出很多花样来，你学会了没？

第二节 债券——比存款划算的投资方式

债券是政府、金融机构、工商企业等机构直接向社会借债筹措资金时，向投资者发行，并且承诺按一定利率支付利息并按约定条件偿还本金的债权债务凭证。债券的本质是债务的证明书，具有法律效力。由于债券的利息通常是事先确定的，所以，债券又被称为固定利息证券。债券包含了以下四层含义：

第一，债券的发行人（政府、金融机构、企业等机构）是资金的借入者；

第二，购买债券的投资者是资金的借出者；

第三，发行人（借入者）需要在一定时期还本付息；

第四，债券是债务的证明书，具有法律效力。债券购买者与发行者之间是一种债权债务关系，债券发行人即债务人，投资者（或债券持有人）即债权人。

债券的发行价格，是指债券原始投资者购入债券时应支付的市场价格，它与债券的面值可能一致也可能不一致。理论上，债券发行价格是债券的面值和要支付的年利息按发行当时的市场利率折现所得到的现值。由此可见，票面利率和市场利率的关系影响到债券的发行价格。当债券票面利率等于市场利率时，债券发行价格等于面值；当债券票面利率低于市场利率时，企业仍以面值发行就不能吸引投资者，故一般要折价发行；反之，当债券票面利率高于市场利率时，企业仍以面值发行就会增加发行成本，故一般要溢价发行。

债券在人类社会上的历史十分久远，远在古希腊时期，就已经有国家向私人、寺庙等借贷的记录。进入封建社会以后，财政遇到困难的国王借账过日子更是家常便饭。公司债券兴起于19世纪初欧美修建铁路的狂潮中，西部片里"绿林好汉"炸火车抢的除了美元，就是这种公司债券了。1997年，我国受亚洲金融危机和国内产品供大于求的影响，内需不足，经济增长放缓。我国政府适时发行了一部分建设公债，有力地拉动了经济增长。

现在我们社会中最为流行的两种债券是公司债券和国债。公司债券的风险要比股票小，债券一般约定固定利息，到期归还本金，而不论公司经营业绩如何。当公司业绩看好时，股票收益会超过债券的收益，但公司亏损滑坡时，股票的损失也比债券大。而且，在公司破产时，债券持有人可以优先于股东分配公司财产，这也为债券提供了更可靠的保障。

国债当然比公司债券更稳当。国债的发行主体是国家，以中央政府的税收作为还本付息的保证，因此风险小，流动性强，当然与低风险相对应，利率也较其他债券低。我国的国债专指财政部代表中央政府发行的国家公债，由国家财政信誉作担保，信誉度非常高，历来有"金边债券"之称，稳健型投资者喜欢投资国债。

国债种类有凭证式国债、实物式国债、记账式国债三种。记账式国债由于在交易所上市，参与的投资者较多，因而具有很强的流通性。只要证券交易所开市，投资者随时可以委托买卖。因此，投资者若不打算长期持有某一债券到期兑取本息，则以投资记账式国债为好。以保证在卖出时能顺利脱手。目前证券营业部都开通自助委托，因此，投资上市国债可通过电话、计算机等直接委托买卖，不必像存款或购买非上市国债那样必须亲自到银行或柜台去，既方便又省时。相对于银行存款而言，各上市国债品种均具有高收益性。这种高收益性主要体现在两方面：一是利率高，记账式国债其发行与上市时的收益率都要高于当时的同期银行存款利率；二是在享受与活期存款同样的随时支取（卖出）的方便性的同时，其收益率却比活期存款利率高很多。

如果你不是风险偏好型的投资者，仅仅想稳妥地管理自己的财富的话，债券是一个非常不错的选择。

第三节　保险——给未来吃颗定心丸

保险是以契约的形式确立双方经济关系，以缴纳保险费建立起来的保险基金，对保险合同规定范围内的灾害事故所造成的损失，进行经济补偿或给付的一种经济形式。通俗地讲，保险就是保障在未来风险事件发生时，我们的日常生活不会受到太大的影响。失去的已经失去，再也追不回来，保险的作用就是让留下来的部分还能保持原样。

如果说银行获利最基本的方法是赚取息差，也就是储蓄和贷款之间的利息差的话，保险公司所使用的方法就是赚取风险差。发生意外总是有概率的，确定发生的事情就不能称之为意外了。所以用更简单的方法来说，其实保险就是互助，保险公司为我们提供了多人互助的平台。在传统的农业社会里，一个家庭如果发生了意外，我们就会找亲戚朋友来帮忙，但亲戚朋友有限，所发挥的作用也有限。保险是分摊意外事故损失的一种财务安排，它具有"一人为众、众为一人"的互助特性，尽管意外事故发生给人们带来的是各种各样的灾难，但如果投保了一定保额的意外险，这份保障至少可以使受难者及其家属在经济上得到相当的援助，在精神上得到一定程度的安慰。

举例来说，假如一个人现在得了癌症。他的家人找了所有的亲戚朋友来帮忙，而这些人加起来，能凑齐100个都已经很不错了。按每个人都能拿出1000元钱来帮忙的话，那一共加起来也不过10万元钱。大家都知道10万元对于癌症来说，根本不够，更不用说保障家人以后的生活。但是，如果这个人有10万个亲戚朋友呢，那么，即使每个人只拿出10元钱，也能凑齐100万元的大数目了。而一个人拿出10元钱起码要比1000元容易得多，可是要认识10万个亲戚朋友，又谈何容易呢？我们恐怕一辈子也认识不了那么多人。

然而，通过保险，就完全可以帮你去结交10万个亲戚朋友，而在这

10万个亲戚朋友中的任何一人发生了意外，我们也都要拿出10元钱去帮助他。这样一来，当最不如意的事情突然降临到我们身上时，别人也会来帮助我们。所以保险就是把个人的风险转移到了大家的身上，这样每个人都只承担一小部分，那么，即使风险发生了，我们也可以应付自如。而保险公司所要做的就是公平地收集、管理资料，把一部分资金分配到需要帮助的人手里，另一部分资金则拿去做投资以给公司带来利益。

不少年轻人对医疗保险嗤之以鼻，觉得自己正值壮年，没有必要花这份冤枉钱。更有人可能会质疑保险作为理财手段的必要性，因为保险没有办法得到预期的收益，但是其实保险更加贴近生活的本质。生活的质量并非可以用钱来衡量的，理财的最终目的还是幸福的生活，钱越多对抗意外的手段就越好，没有人是为了钱而挣钱的，否则我们完全可以以文学作品里最接近理性经济人的葛朗台、泼留希金作为榜样。就这点来说，保险的意义要远大于其他的理财手段。有资料显示，我国约有70%的人呈亚健康状态，从事研究工作的脑力劳动者是最易处于亚健康状态的人群之一。年轻白领承受工作压力的同时，尽早地购买一份适合自己的疾病医疗类商业保险无疑是明智之举，因为年纪越轻费率越低，越早拥有保障。

常见的保险种类有以下几种，大家可以从自己的生活出发，挑选适合自己的：

财产保险、人身保险与责任保险。根据保险标的（保险对象的财产及其有关利益，或者是人的寿命和身体）不同，保险可分为财产保险、人身保险和责任保险。财产保险是以物或其他财产利益为标的的保险。广义的财产险包括有形财产险和无形财产险；人身保险是以人的生命、身体或健康作为保险标的的保险；责任保险是以被保险人的民事损害赔偿责任为保险标的的保险。

个人保险与商务保险。根据被保险人的不同，保险可分为个人保险和商务保险。其中，个人保险是以个人或家庭作为被保险人的保险。商务保险是以工厂、商店等经营单位作为被保险人的保险。

强制保险与自愿保险。根据实施形式的不同，保险可分为强制保险和自愿保险。强制保险又称法定保险，它是由国家颁布法令强制被保险人参加的保险。比如，机动车第三者责任保险规定为强制保险的险种。自愿保险是在自愿原则下，投保人与保险人双方在平等的基础上，通过订立保险合同而建立的保险关系。

原保险与再保险。根据业务承保方式的不同，保险可分为原保险和再保险。原保险是保险人与投保人之间直接签订保险合同而建立保险关系的一种保险。在原保险关系中，保险需求者将其风险转嫁给保险人，当保险标的遭受保险责任范围内的损失时，保险人直接对被保险人承担赔偿责任。再保险是原保险人以其所承保的风险，再向其他保险人进行投保，与之共担风险的保险。

商业保险与社会保险。根据是否盈利的标准，保险可分为商业保险和社会保险。商业保险主要是以盈利为目的的保险。社会保险是不以营利为目的的保险。

有一位保险行业的专家这么说过："与彩电、手机、汽车等实物形态的产品不同，买保险永远都没有所谓'最好的、最受欢迎的'保险。"不同的年龄、不同的职业、不同的收入、甚至不同爱好的人都有着各自最适合他们的保险；在保险合同的背后，各家公司的服务水准、盈利能力也根本无法简单地量化比较，这要求大家要仔细去挑选适合自己的保险。

第四节 黄金——财富的"避风港"

中国有一句老话："盛世古董乱世金。"意思是说在太平盛世的时候，理财应该买古董；而在兵荒马乱的时候，应该买黄金。现在自然谈不

第七章　理财投资——一生二，二生三，三生万物

上兵荒马乱，但自次贷危机之后，世界金融市场震动不断，乱象丛生，造成了现在古董和黄金齐齐飞涨的怪相。

黄金的化学符号为Au。Au的名称来自罗马神话中的"黎明女神"欧若拉（Aurora）。正如这个赞美意味浓厚的名称，黄金在人类文明史上一直是受到狂热吹捧的稀有金属，一直被视为华贵的象征。古代印加人把黄金视为"太阳的汗珠"；古埃及的法老坚持要埋葬在黄金这种"神之肉"里；《圣经·马太福音》提及的东方三博士带来的礼物之一就是黄金，而《圣经·启示录》形容圣城耶路撒冷的街道由纯金制作……

正如我们前面所说的，稀缺带来价值，黄金的价值就来自它的稀缺。根据世界黄金协会公布的数据，人类历史上4000年开采的黄金总量约为16.1万吨，勉强填满两个符合奥运标准的游泳池，其中半数以上是在过去50年中挖出来的。现在全世界可供交易的黄金大概有7万吨（实际流通量约为2.5万吨），如果用全世界60亿人来衡量，人均只有12克。

就目前的市场来看，由于规避风险和抵御通货膨胀双重因素的存在，所以，不管股市如何动荡或是变动，金价都会稳中有升。如果股市趋稳，投资者会担心经济好转后的通货膨胀问题而买入黄金；如股市持续动荡，投资者会将资金撤出股市，转而买入黄金。由此可见，不管出现哪种情况，当前市场的金价总体都将呈现持续攀升势头。尤其在金融海啸的冲击之下，不少国家的央行也开始加入购买黄金的队伍当中。2009年，仅印度央行就从国际货币基金组织购买了200吨黄金。此外，俄罗斯的国际储备中，黄金的储备量也增加了18亿美元。

对于个人投资者来说：

第一，投资黄金可以保值增值，抵御通货膨胀。通货膨胀意味着货币实际购买力下降，而黄金作为一种稀缺资源，其价格也会随着货币购买力的降低而迅速上涨。有这样一个例子：100年前，1盎司（约31克）黄金可以在伦敦订制1套上好的西装；100年后的今天，1盎司黄金依然可以在伦

敦订制一套上好的西装，甚至更好。当个人投资者面对CPI上涨给自己的财富和购买力带来威胁时，当股市处在震荡期时，黄金也许是财富最好的"避风港"。

第二，黄金的产权转移十分便利，是最好的抵押品种。房产的转让需要办理复杂的过户手续，股票的转让也要交纳佣金和印花税，而黄金的转让则没有任何登记制度阻碍。假如你想给子女一笔财产，送黄金不用办理任何转让手续，比送一栋房子要方便得多。

第三，可以真正达到分散投资的目的。"不把鸡蛋放在同一个篮子"，不是买一堆股票或者一堆基金就是分散投资了，最理想的分散投资应该是投资在互不相关的品种上，比如，储蓄、股市、房地产、黄金甚至古董等。将黄金加入自己的投资篮子可以有效分散风险，平抑投资组合的波动性，真正起到分散投资的目的。

目前市场上的黄金品种主要有：纸黄金、交易所金条、金币、黄金期货四种。那么究竟哪种适合自己，还要看个人的风险偏好及对黄金市场的了解程度。具体介绍如下：

其一，投资金条的优点是不需要佣金和相关费用，流通性强，可以立即兑现。缺点是需要占用一部分现金，在保证黄金实物安全方面有一定风险，被贼惦记上了就惨了。购买金条需要注意的是要购买知名企业的金条，要妥善保存有关单据，要保证金条外观，包括包装材料和金条本身不受损坏，以便将来出手方便。

其二，投资纪念金币虽有较大的增值潜力，但投资金币有一定的难度，要有一定的专业知识，对品相鉴定和发行数量、纪念意义、市场走势都要了解，而且要选择良好的机构进行交易。

其三，黄金凭证是国际上比较流行的一种黄金投资方式。银行和黄金销售商提供的黄金凭证，为投资者避免储存黄金的风险。购买黄金凭证占用了投资者不少资金，对于提取数量较大的黄金，要提前预约，有些黄金凭证信誉度不高。投资者要购买获得当地监管局认可证书的机构凭证。

其四，黄金期货风险较大，对专业知识和大势判断的能力要求较高，投资者要在入市前做足功课，不要贸然进入，风险厌恶型的投资者更是别蹚这趟浑水。

第五节　基金——让专家打理你的财富

由于对股市缺乏了解，老张炒股票亏了。后来他听说基金比较稳健，于是就买了一只基金，一块钱一份，他买了5万份。那时候，股市还挺好的，没过多少天，那只基金就涨到了1.03元，老张挺美。

可是没多少日子，股市就跟吃了泻药似的，一个劲儿地"拉稀"，几天的时间，就下跌了一百多点。老张上银行一打听，他的基金缩水了，变成了0.97元。他有些懊丧，可是这还没完，股市又"再接再厉"地往下跌。过了几个月，那只基金变成0.9元了。他一算："啊？我都亏了10%啦？"

老张想赎回来，可听理财专家说，基金是长期投资品种，不能像股票一样频繁炒作。于是他不再上银行了。

前几个月，老张听说股市又好了，一片飘红，那指数就跟井喷似的"噌噌"地往上蹿。他憋不住，还是上银行了。他找到大堂经理，让人家给查查，他的那只基金这会儿多少钱了。大堂经理是个三十多岁的女士，她翻开表格一看，说："涨到1.4元了！"老张问："真的？"那经理说："可不是真的吗？不信您自己瞧瞧。"老张仔细看了看，可不吗，一点儿都不假。他当时就"呵呵"地乐了。大堂经理说："您的还没赎回呢？"老张说："没有。"经理说："您可真有眼光，我这学金融的都不如您。当初我跟您买的一样，不过我在1.1元的时候就都给赎回了，现在一看，我可亏多了。"

到了家里,老张把这事儿跟老婆说了,老婆也特高兴,赶紧给他包饺子。

过了一段时间,那只基金又涨到了1.5,老婆说:"赶快赎回吧。"老张说:"捂着,等再涨一涨。"又过了一段时间,那只基金涨到了1.8元。老张想,已经有80%的收益了,见好就收吧。于是他赎回了基金,5万元变成了9万元,他乐得合不拢嘴。

现今理财的方式多种多样,获利方法也千奇百怪。金融市场相比以前有了长足的发展,对信息的敏感程度倍增;越来越多的金融创新使得普通人想要了解金融业背后的运作难于登天;散户们资金微薄,每每被金融大鳄搅起的波浪搞得人仰马翻。面对这种情况,基金应运而生。

何为基金呢?假设你有一笔钱想投资债券、股票等进行增值,但自己既没有那么多精力,也缺乏专业知识,钱也不是很多,就想到与其他几个人合伙出资,雇一个投资高手,操作大家合伙出的资产进行投资增值。但这里面,如果每个投资人都与投资高手随时交涉,那将十分麻烦,于是就推举其中一个最懂行的牵头办这事。定期从大伙合伙出的资产中按一定比例提成给他,由他代为付给高手劳务费报酬,当然,他自己牵头出力张罗大大小小的事,包括挨家跑腿,有关风险的事向高手随时提醒着点,定期向大伙公布投资盈亏情况等,不可白忙,提成中的钱也有他的劳务费。上面这种运作方式就叫作合伙投资。将这种合伙投资的模式放大一千倍、一万倍,就会成为基金。

基金管理公司就是这种合伙投资的牵头操作人,不过它是个公司法人,要具备经营资格必须经过中国证监会审批。基金公司与其他基金投资者一样也是合伙出资人之一,但由于它牵头操作,要从大家合伙出的资产中按一定的比例每年提取劳务费(称基金管理费),替投资者代雇代管理负责操盘的投资高手(就是基金经理),还有帮高手收集信息搞研究的人,定期公布基金的资产和收益情况。当然,基金公司的这些活动必须经过证监会批准。

为了大家合伙出的资产的安全，防止基金公司偷着挪用，中国证监会规定，基金的资产不能放在基金公司手里，基金公司和基金经理只管交易操作，不能碰钱，记账管钱的事要找一个擅长此事又信用高的人负责，这个角色当然非银行莫属。于是这些出资（就是基金资产）就放在银行，而建立一个专门账户，由银行管账记账，称为基金托管。当然银行的劳务费（称基金托管费）也得从大家合伙的资产中按比例抽一点按年支付。所以，基金资产相对来说只有因那些高手操作不好而被亏损的风险，基本没有被偷挪走的风险。从法律角度说，即使基金管理公司倒闭甚至托管银行出事了，向它们追债的人都无权碰基金专户的资产，因此基金资产的安全是很有保障的。

基金是一种稳妥的长线投资，但最忌讳的是你用价值投资的手段分析一只基金，却用短线手法来交易。频繁的短线交易，不过是为券商带来了丰厚的手续费。短线交易、波段操作的难度其实更大于长线投资，即使运气好，也不过只能挣点蝇头小利，因为缺乏足够的定力，经常在买进几天之后就匆匆卖出，然后再去寻找另外一只基金。

基金一般分为认购期、运作期（封闭期）、申购期三个阶段。开始是认购期，一般是半个月左右，在这半个月里你只能购买不能赎回，也就是只能买入，买入价一般都是1元。然后进入运作期（不接受投资者赎回），在这段时间里，基金公司拿你的钱去投资，也可以说是一个准备期，一般都不超过三个月，打这之后大部分基金会有所上涨，也有部分会回落，但也不会跌得太厉害，这个时候不要以为你赔了，因为你的投资才刚刚开始。接下来进入申购期，此时你就可以自由买卖了。假如你对股票了解得太少，也冒不起风险，又不甘于债券过低的回报，那么，基金对你来说就最适合不过了。

第六节　股票——你、我、他的博弈游戏

股票，最初是作为股份公司投资凭证的一种票据，并没有二级市场可供流通，人们购买股票的目的是获取股票的升值、收取股息、获得红利等。但是随着经济的发展，股票能够在股票交易市场上买卖之后，大量的投机商开始一头扎进了股市里。

股市的波动，就好比大海的涨潮和落潮，都有它的内在规律，不可能永远亢奋，也不可能永远低落。那么，为什么股价会有高潮和低谷的出现呢？其中最大的原动力就是"消息"。由于消息种类繁多，对股价的影响力自然也不一样。诸如国际政治与经济形势的变化，国内经济改革与财经措施，石油危机影响等消息，还有个别行业的未来预期，原料价格波动，股票发行公司业绩与财务盈亏等消息均会不同程度地影响股价。专业人士、资深股民比普通股民多的就是这份掌控"消息"的能力。辨别真伪、把握时机，都不是一朝一夕能够学会的，所有的股评节目里都会说"股市有风险，入市须谨慎"，实际上就是在问你是否付得起"学费"。

牛市为什么好？因为赶上牛市，懂行的人肯定赚得更多，但即使不懂股票的人或是初学者也能或多或少赚到钱，因为这时大盘的走势是整体上升的。但这样就麻痹了人们的风险意识，让他们错误地以为股市就是"提款机"，于是把自己辛辛苦苦赚来的钱都投入股市之中。所以熊市一来，被套牢的人就是那些不懂股票知识、不会看盘的小散户们。还有一群股民，专爱买便宜股，可经常是便宜没好货。最后股指下跌，大家狂抛股票，这个时候受到致命打击的大多是穷人，这些穷人把省吃俭用积蓄下来的血汗钱在股市上兜了一圈，十有八九都捐献给股市上的机构庄家和优秀的散户了。

股票除了预期的收益高之外，还有一个最大的特点，就是抗通货膨胀，无论是储蓄还是国债都无法对未来的通货膨胀产生抵抗能力，股票则

不会。假如通货膨胀是水的话，那么股市就是船，水涨船自然就高。在现在这个高通胀的大背景下，这个优点是不容忽视的。

投资股票最忌看别人赚钱眼红而盲目地跟风。这些跟风的人往往害怕麻烦，不愿意花太多的精力，结果总是赔钱。在这里希望大家能明白，任何理财工具收益跟风险都是成正比的，世界上没有无来由的风险，也没有无来由的收益。做股票之前不要想自己会赢多少，而要想输多少自己能够承受，对现有的生活不会有太大的影响，这才是应该有的态度。

炒股的诀窍人人都有一套，什么短线是金、K线大法、涨停板敢死队，等等，每年关于这样的书汗牛充栋。但是本节介绍的并非赚钱，而是理财，赚钱自然可以冒险，而理财则要力求稳妥，下面是最基本的几项原则：

一是坚持长线投资。从长期发展的眼光来看，股市的总体趋势永远是向上发展的，不要看到眼前的股市波动巨大就止步不前，从更长的时间线来看的话可能是非常平稳的。有一位知名的投资家说过这样一句话："20年之后，所有股票的线都会涨到房顶上去。"任何一只股票，只要它的基本面比较好，那么它的股本规模必然是越来越大的。以美国股市发展的历史为例，美国股市从1925年到1975年这51年中，大盘股的股本增加了1113倍，小盘股则增加了3822倍。因此，只要你所选的股票不是一只不可救药的随时有可能被摘牌的垃圾股，那么，买入后放心地持有，作中长线投资，将来的收益一定不会太差的。

二是选择合适时机买入。所谓逢低建仓，指的也并不一定是最低价，而是指比较合适的价钱而已。股票的价格高低并不是中小散户所能左右的，因此，不要指望能买到最低价，实际上也不可能买到最低价，只要价钱不是太高，就可以考虑买入了。股票的上涨是有一定的时间周期的。有些股票之所以不上涨，那是因为上涨时间未到的缘故。所以，投资者要明白"以时间换空间"的炒股原则，买入一只质地不错的低价股后，一定要有耐心、有信心地持股。任凭主力兴风作浪，我自立场坚定，坚决持股。只要当初买入的理由还没有完全消失，就不要轻易将它抛掉。

三是不要轻易换股。股市风水轮流转，三十年河东，三十年河西。一只基本面不是太差的股票，价钱又不是太高的话，它的股价就很有可能在下跌或者调整了一段时间之后，重新涨起来。

第七节　期货——有效的投资杠杆

何为期货？期货是一种跨越时间的交易方式，其具体含义是：交易双方不是在买卖发生时，就交收货物。而是通过签订期货合约，按指定的时间、价格与其他交易条件，交收指定数量的现货。通常期货集中在期货交易所进行买卖，但也有部分期货合约可通过柜台交易进行买卖。

在中国，期货的雏形很早以前就出现了，创始者是助勾践灭吴的范蠡。根据《史记》记载，范蠡不仅是一个闻名天下的谋士，还是一个经商的奇才。他在助越王勾践灭吴后，深知历史上的国君绝不可能留下任何功高盖主、力谋大业的人。于是，在一个夜晚，他偷偷收拾好金银细软，带着家眷逃走了。之后，他不远千里来到齐国，以种地为生，没几年就赚了一大笔钱。这引起了齐国国君的注意，便请他去做宰相。但范蠡很清楚，他在齐国只是一个百姓，无权无势，一下就坐到了一人之下、万人之上的位置，并不见得是什么好事。于是，他又向齐王请辞，把大部分的金钱都分发给了当地的百姓。

经过一番周折，他搬到了陶（山东定陶西北）。刚好当地有位老朋友，这位朋友从范蠡口中详细了解了吴越战争，得知勾践是一个可以共患难但不能同安乐的人，感叹不已。两人一直聊到深夜，朋友问他："以后做何打算？"范蠡回答："只要衣食富足即可。"朋友笑了："哈哈，我就知道你赚钱有方。不过，你现在也已经没有本钱了，打算怎么做呢？"

范蠡解释道："这并不要紧，你去找农户，签订粮食收购契约。和他们说定，不管是丰年粮贱，还是灾年粮贵，到时都按现在说好的粮价收购。再用同样的方法找买粮户，签订销售契约，收取定金，并将定金付一点给农户。等粮食收上来时，让买粮户带钱来拉走粮食，再付清农户的余款，剩下的就是我们赚的了。"

范蠡做的是无本的买卖，颇类似于现代期货中的"无货沽空"，让我们举个更简单的例子来讲解一下。假设现在黄金价格是每盎司1200美元，某投机者相信黄金价格将很快跌至每盎司1100美元，此时投机者在不持有黄金的情况下，声称以每盎司1200美元的价格出售1000盎司的黄金，交易日期是一个月之后，这样，该投机者的投资账户将有120万美元的收入。一个月之后，若黄金价格确实下跌至1100美元每盎司，则投机者可用110万美元从市场购回1000盎司的黄金，支出是110万美元，从中赚取10万美元的利润。从此例中可以看出，期货的最大特点是卖家判断他手中的商品在某个时候价格会达到最高，于是选择在那个时候卖出，以期获得最大利润。

投资量小、利润潜力大是期货的特点，因为它自带杠杆。投资者一般只要投入相当于期货合约值10%的保证金即可成交。这是因为他们可以先订买约再订卖约，也可以先订卖约再订买约，最后买约、卖约两抵，投机者结清合约的义务，故没有必要拿出相当于某一合约的商品全部价值的资金。也就是说买价值50元的期货只要5元钱就可以了，而股票买50元钱就一定需要50元钱。

期货是每天都会结算的，50元钱的期货涨到60元了，你当天就可以把赚到的10元钱取回来。当然，你第二天就可以用这10元钱再来买100元钱的期货，也就是说，你现在手里有150元钱的期货。而股票可不行，100元钱的股票涨到200元又怎样，你不把它卖掉，钱就永远都拿不到。

次贷危机之后，所有的国家都在炒着去杠杆化这个概念，使得人们觉得杠杆是一个非常不好的东西。其实杠杆是中性的，它在放大风险的同时，也放大了收益。让我们用期货的和股票的比较来看一看杠杆的作用。某个投资者有1000元钱，这笔钱没有经过杠杆拿去买股票，可以买到价值1000元的股票，股票上涨10%，投资者赚了100元；股票下跌10%，投资者就赔了100元。这笔钱拿去进行期货交易，因为保证金是10%，所以能够买到价值10000元的期货，期货上涨10%，投资者赚了1000元，资产就翻倍了；而如果期货下降10%，投资者就赔光了。这就是期货的魅力所在。

期货交易中，最常见的套利方法有以下几种：

其一，跨期套利。跨期套利是套利交易中最普遍的一种。简单来说，跨期套利是利用相同品种的不同交割月份合约之间差价的变动来进行的。它分为牛市套利和熊市套利两种形式。举个例子来说，假设5月玉米和8月玉米的价格现在分别是1.5元一斤和1.8元一斤，如果你判断它们之间的差价将会缩小，比如5月变成1.82元一斤、8月变成1.89元一斤时，那么就可以买5月卖8月，待差价缩小后，你就可以同时平仓获取利润了。这样不仅可以避免行情剧烈变动带来的风险，还可以获得稳定的收益。

其二，跨市套利。跨市套利是在不同交易所之间的套利交易行为。当同一期货商品合约在两个或更多的交易所进行交易时，由于区域间的地理差别，各商品合约间存在一定的价差关系。例如伦敦金属交易所（LME）与上海期货交易所（SHFE）都进行阴极铜的期货交易，每年两个市场间会出现几次价差超出正常范围的情况，这为交易者的跨市套利提供了机会。例如，当LME铜价低于SHFE时，交易者可以在买入LME铜合约的同时，卖出SHFE的铜合约，待两个市场价格关系恢复正常时再将买卖合约对冲平仓并从中获利，反之亦然。在做跨市套利时应注意影响各市场价格差的几个因素，如运费、关税、汇率等。

其三，跨商品套利。跨商品套利指的是利用两种不同的、但相关联的商品之间的价差进行交易。这两种商品之间具有相互替代性或受同一供求因素制约。跨商品套利的交易形式是同时买进和卖出相同交割月份但不同种类的商品期货合约。例如，金属之间、农产品之间、金属与能源之间等都可以进行套利交易。

我国期货市场经历了动荡不安的初创期，之后又经历了问题迭出的整顿期，整体来看我国期货市场的成长过程具有明显的超常规发展特征。在时间跨度上，十余年的时间里，我国期货市场跨越西方期货市场百年发展历程，呈现出跳跃式的发展态势。期货市场如此超常规发展，一方面迅速弥补了我国传统经济体制的漏洞、缺陷，另一方面也为我国期货市场的规范、健康发展带来了潜在的隐患。

近年来我国期货市场的整顿与治理已经逐步进入规范、有序的发展阶段，取得了令人瞩目的成就。硬件上基本实现了现代化，软件也同样日趋完善。尤其是经过1993年和1998年的两次清理整顿之后，我国的期货市场由分散逐步趋向了集中规范，初步形成了一个比较完整、全面的期货市场组织体系，但仍然存在着一些缺陷，主要表现在以下三方面：

首先，投机成分过重。在我们目前的市场上，大部分的参与者在交易的过程中，投机的心理往往占了上风。甚至在某些企业中，也有不少做投机交易的，比如像个别的粮油加工企业在期货市场上却成为了空方的大户等。在这种情况下对价格的炒作便成了唯一的形式。其实期货市场本属于"不完全市场"的范畴，这就决定了商品价格的高低在很大程度上依赖于买卖双方对未来价格的预期，而脱离了这种商品的现时价值，有可能导致价格的"越抛越跌"或是"越贵越买"的不正常循环，这就使得价格很容易往极端方向发展。

其次，期货市场的弱有效性。市场行为包容消化一切，也就是说影响市场价格的因素最后必定要通过市场价格反映出来。但要保证这一点的实现必须有个前提，那就是整个市场要处于有效市场，而目前我国的期货市场还属于一个弱有效的市场，信息的不透明，使参与者不得不支付更高的社会交易成本,这样就降低了期货市场的运行效率。期货交易是一种特殊的商品交易,它具备回避风险及价格发现功能,期货市场的健康发展,有利于市场经济的繁荣和现货市场的稳定。

最后,表现为市场参与者不够成熟。目前我国的专业投资公司和专业的经纪人队伍还没有完全建立、规范起来,所以现实中,投资大部分还是得依靠投资者自己来完成,这就使得其投资行为必然具有一定的盲目性。因此,要想降低期货市场的风险,对投资者进行教育、促进其走向成熟是我们的必经之路。

第八节 学会花钱——学会理财前的必修课

理财首先得有钱,街边的流浪汉吃了上顿没下顿,过了今天不想明天,自然没有财可理。但是很多每月拿到的钱并不少的朋友们,稀里糊涂地就"月光"了,最后也和流浪汉一样无财可理。这就自然而然得出这节的主题,要想理财得先学会花钱。

张敏是一个普通的上班族,她工作后第一个梦想就是买一台属于自己的计算机。可她毕业上班几年来,经济状况一直没有好转。后来,工资总算涨了不少,怎么也算是一个说得过去的白领阶层了。张敏心想,这回总能攒下钱买个计算机了吧。可到了月底一看,账户上还是空空如也。她想不通,钱都花到哪里去了呢?她平时吃喝都很省,衣服也没买过贵的,更没添置什么超过一百元的东西呀。她的一个朋友帮她分析了一下:她一个月要去最少四次超市,两次服装市场,请三次客,去超市每次都差不多得花一百多元,买的零食倒是不多,也不贵,但其他都是正在促销虽便宜却又用不上的东西;去服装市场买的虽然都是一些样式、质地都很普通的衣服和鞋子,但是总是穿一下就不喜欢或是穿几次就坏了,所以,她得经常去买衣服和鞋子;为了省钱,她手头紧的时候经常去朋友家吃饭,但结果是,张敏在她手上有钱的时候花比自己吃饭更多的钱来招待朋友。听朋友这么一分析,张敏恍然大悟,懊悔不已。像张敏这样的人典型的是省了小钱,花了大钱,这都是她没有生活计划,只看眼前成本,不看长远成本的结果。

杨先生有一次在开车回家途中,把后视镜给撞坏了。因为杨先生的车投了保险,家人让他去保险公司索赔,杨先生却不急着去。手里有确凿的证据,只要去索赔,保险公司肯定会付一笔保险费,那杨先生为什么不去呢?

原来杨先生曾经在买保险时,详细地了解了车险的特点。他向家人解释道:"这是我今年第一次出问题,而且现在已经到年底了,再过几天就是新年了。去保险公司,像这种小问题,一个后视镜赔不了多少钱,但是,如果我不去保险公司的话,在他们那里的记录就是一年都没有出现保险事故,明年我再去买保险的时候,保险公司就会给我10%的无赔款优待。这可是一个不小的优惠,到时候我可以省下好几百呢。"去保险公司索赔只能要个几十块钱,不去保险公司索赔反而能节省几百块钱。真是思维角度一转变,少花不少钱。

《礼记·王制》中有这样的一句话:"冢宰制国用,必于岁之杪。五谷皆入,然后制国用……量入以出。"一国之大,事无巨细,纷繁复杂,尚且要编个预算,我们的生活又岂能没有计划。财富的多少一方面在于积累,而另一方面在于合理的开销。因此,要使自己的财富变多就一定要养成量入为出的习惯,否则赚再多的钱都有可能被挥霍殆尽,最后落得两手空空,甚至负债累累,就得不偿失了。

英国思想家培根曾专门谈到了花钱的学问,他的观点见于《论消费》一文,即使现在看来也是非常有道理的:"财富是供消费的,而消费的目的,则是为了获得荣誉和善举。因而,非同寻常的消费,必须取决于其理由的价值。须知为了自己的国家,就像为了进入天国一样,是可以自愿把财富毁掉的。但一般的消费，则应取决于一个人的财产。管理得当，使消费在他的财力之内。如果一个人只不过是想保持不盈不亏的话，那么他的日常的花费就应该是他的收入的一半。而如果想变得富有的话，那么花费就应该只不过是收入的1/3。"

以上观点谨供参考，再归纳得具体一点，有以下四条，大家可以看看。

其一，从记账开始，找出财务漏洞。再怎么挣，如果存不下来，也是白搭，必须控制你的消费，因为只有这样，才能从习惯存钱到有钱投资，进而不断累积资产。当然，光攒钱是不够的，如果可能还得学会记账。要有效控制消费，得学会记账，找出财务漏洞。观察每月的花费中有哪些项目超支，就控制该项支出。

其二，只买"需要"的东西。大家都知道，花钱时要分清楚哪些花费是自己真正"需要"，哪些只是"想要"。所以，在冲动消费前，一定要先想想所要买的东西是"需要"还是"想要"，然后尽量压缩"想要"的支出，只买"需要"的东西。另外，买了不用的东西往往是"想要"的范畴，如果发现一件衣服很久都没穿过，那就是"想要"而不是"需要"，以后就不要再买了。

其三，避免群体消费。群体消费跟个人消费是绝对不一样的。如果一个人要买一件白衬衫，回来可能只买了一件白衬衫；而跟朋友出去，可能又多买一条裤子，还可能去吃饭、喝咖啡、唱KTV、看电影，因为这是朋友之间的行为模式，很难改变。

其四，少用信用卡。应该少用信用卡，如果只带预算内的现金出门，再怎么冲动，也较不容易超出预算。如果刷卡，每月账单不宜超过薪水的1／3，若有特别支出时，亦不得超过存款的1／2，如此才能消费得理性与安心。而且最好集中使用一到两张信用卡，除了方便账目管理，也可在发卡银行累积个人信用，未来在该银行贷款，还可能有些优惠。

第九节　以钱生钱——世上没有无源之水

很久以前，有一个身无分文的年轻人，偶然逮住了一只野兔。他把兔子卖给了饭店得到了两枚硬币。

他用这两枚硬币买了一些糖，然后兑上水给苗圃里的工人们喝，工人们给了他5棵树苗。

他把这些树苗送给了一个正准备修建花园的老妇人。老妇人给了他10枚硬币。

这天夜里，狂风大作，雷雨交加，城外树林里一片狼藉。年轻人马上用10枚硬币买来糖果，然后找来一群小孩子，让他们到林中把折断的树枝捡回来，就这样一包糖果换回了一车的劈柴。年轻人把劈柴卖给一家酒店，得到了20枚硬币。

骄阳似火，年轻人在城外的马路边摆了一个小摊子，大水罐里盛满了水，来往路过的人们口干舌燥，纷纷坐下来喝碗水歇息一下，再继续赶路。

一位商人告诉他，明天将有一队骑兵从这里经过。他们需要一些饲料。于是，他用卖水得到的50个硬币买来200捆草，第二天把它卖给了军队得到了200枚硬币。

后来，当他听说人们想建一所学校的时候，便找到负责人，把承建工程接了下来……

就这样几年以后，年轻人成了当地远近闻名的富翁，而他发家的本钱是一只野兔换来的两枚硬币。

财富的积累自然需要储蓄，但是只知道储蓄的人尽管生活无忧，却无法发财。钱就像水一样，只有流动起来了，才能创造更多的价值。穷人和富人之间并不是简单的金钱和资产上的悬殊，而是观念和思维方式上的不同。

在企业活动中,"现金流"是一个非常重要的概念。所谓现金流,就是指一定时期内流入企业的资金与流出企业的资金之间的差额。所有的企业都需要一个正向的现金流,这是赚钱的必要条件,构成了一切商业活动的基础。而这个概念对于理财来说也是非常重要的。中国台湾有句俗语,叫"人两脚,钱四脚",意思是说钱有四只脚,人只有两只脚,钱追钱要比人追钱快得多。人的一生中能积聚多少钱,不仅取决于你赚了多少钱,还在于你如何理财。致富的关键在于如何理财,如何合理进行投资,如何用钱去赚钱。

现在很多人的人生轨迹是这样的,刚参加工作的时候,工资只够租房加吃喝,当然是穷人。几年后,工资涨到了四五千元,他们会考虑攒点儿钱,付个首期,以按揭的形式买个房子。再过几年,收入增加,他们又会面临结婚生孩子买车等更高的生活开销。再经过几年的奋斗,工资涨到两三万甚至更多,也许真的可以称得上事业有成,但生活水准也变得水涨船高,房子要住更舒适点的,车子要开更高级的,孩子要上更好的学校,旅游要去欧洲……众多大城市里的白领,都是沿着这样一条轨迹发展的。表面看他们的生活质量越来越好,但高收入并不代表他们就能进入富人的行列,因为每个月开销越大,要付的账单也越多,结果是他们对工作的依赖性越来越强,连换工作的念头都不敢有,因为一离开了工作,就无法维持现有的生活水平。

所以这些人表面上看起来像是有钱人,但他们却不是真正的富人,因为他们的钱都用在了改善自己的生活上,而没有开辟自己的事业。网络上流传着这样的段子,虽然戏谑,但有足够的说服力。1998年,马化腾凑了50万元创办腾讯公司,没买房;1998年,史玉柱向朋友借了50万元搞脑白金,没买房;1999年,丁磊用50万元创办163网站,没买房;1999年,陈天桥用50万元创办盛大公司,没买房;1999年,马云凑了50万元,注册阿里巴巴公司,没买房……

只有不断地把钱投入到能够获利的生意中,才能源源不断地获得更多的收益,也就是说必须让钱流动起来才能增值,而流动起来的钱叫作资本,只有资本能带来利润,放在那里不动的钱永远不能叫资本,当然也无法增值。

因此,所有的富人都不会让自己的钱躺在银行里,他们的工作就是不断地投资、不断地获利、再不断地投资……如此一来,钱就像滚雪球似的越滚越大。

而"富人"实际却比"穷人"还穷,"越是富有的人越是缺钱",这话是有一定道理的,因为富人手里总是有很多项目,不断地需要钱来投资和周转,经常是拆东墙、补西墙,借了还,还了借。可见,穷人和富人表面的差别是钱多钱少,但本质的差别是对待理财的不同态度。形象地说,在富人手里,钱是鸡,钱会生钱;在穷人手里,钱是蛋,用一毛就少一毛。把钱无计划、无节制地消费掉,你就选择了贫困;把钱用在长期回报的项目上,你就会进入中产阶级;把钱投资于你的头脑,学习如何获取资产,财富将成为你的目标和未来,选择权在你的手里。

第十节　博傻理论——自信满满的投机者们

这一节里我们还要继续提到凯恩斯。凯恩斯是一个"知行合一"的经济学家,不光在经济学理论方面做出了卓越的贡献,还亲身实践,在外汇、期货、证券市场摸爬滚打,利用自己的专业知识挣了大钱。

1908~1914年,经济学家凯恩斯拼命赚钱。他什么课都讲,经济学原理、货币理论、证券投资等,他对自己的评价是"一架按小时出售经济学的机器"。之所以如此玩命挣钱,凯恩斯是为了日后能自由并专心地从事学术研究而免受金钱的困扰。然而仅靠讲课又能积攒几个钱呢?终于凯恩斯的经济学家之魂醒悟了。1919年8月，凯恩斯借了几千英镑进行远期外汇投机。4个月后，净赚1万多英镑，这相当于他讲10年课的收入。

投机生意赚钱容易，赔钱也容易。投机者往往有这样的经历：开始那一跳往往有惊无险，钱就这样莫名其妙进了自己的腰包，飘飘然之际又倏忽掉进了万丈深渊。又过了3个月，凯恩斯把赚到的利和借来的本金亏了个精光。投机与赌博一样，往往有这样的心理——一定要把输掉的再赢回来。半年之后，凯恩斯又涉足棉花期货交易，狂赌一通大获成功，从此一发不可收拾，几乎把期货品种做了个遍。他还嫌不够刺激，又去炒股票。到1937年凯恩斯因病"金盆洗手"之际，他已经积攒起一生享用不完的巨额财富。

经济学家是要比普通的投机客更有见识，凯恩斯就根据自己的经历总结出了一个经济学原理——博傻理论。

博傻理论也叫最大笨蛋理论，是指在资本市场中（如股票、期货市场），会有某些傻瓜参与进来并愿意以更高价格买进。该理论所要揭示的就是投机行为背后的动机，投机行为的关键是判断有没有比自己更大的笨蛋，只要你预期这样的人存在，也就是自己不是最傻的那个，那么自己就一定是赢家，只是赢多赢少的问题。不过如果判断错误，再也没有一个愿意出更高价格的更大的傻瓜来做你的下家，那对不起，你就成了最大的傻瓜。

发生在1720年的英国南海公司案，就是历史上第一场全民的股票投机，当然你也可以把它理解为一场全民争当大傻瓜的游戏。

南海公司第一届董事会有33名董事成员，但是没有人拥有西属美洲或其商业的必要知识。然而，借助悉心捏造的谣言、报纸的宣传以及对高层的贿赂，公司成功地树立了现状繁荣、前景美妙的形象。这是一场精心策划的圈套，南海公司的管理者私下的意图是，通过激发对本公司股票的投机兴趣而使市场价格上涨。接下来发生的事情正是这样。一位姓温德罕的女士写道："南海是谈资与时尚，妇女们卖掉自己的首饰来购买股票。"4月,南海公司股价升上400英镑。5月,股票被操纵到495英镑。南海公司股票的诱惑变得难以抵御,6月,借助精巧的金融运作、持续而密集的宣传攻势和投机热忱的疯狂,股票价格达到了890英镑。

泡沫狂潮开始升级。数以百计的计划纷纷出笼,有些是理智的,有些则不是。这些计划寻求资金的总额超过两亿英镑,消化了大量投机需求。最荒唐的泡沫公司宣称成立的公司将"从事一项极有优势的业务,但不需要任何人得知具体是何业务"。股份每股100英镑,预计每年盈利百分之百。认购者需支付起始款项每股2英镑,其余98英镑将在一个月后披露此项特别的生意时缴付。这一荒唐的提议竟吸引了大量的认购登记和现金付款,每天都有超过一千股的认购。

任何事情都有始有终,市场最后终于变得疲惫了。8月,南海公司董事会提出全年百分之三十的红利、未来十年不低于百分之五十的方案,希望这样可以支持股价保持当时的水平。但这正是几个月之前刚刚买进股票的投机者们最不满意的结果。他们原来预期极大的投资收益。南海公司的谋略破产了。股价徘徊不前,随后跌落、下坠,而且越来越快。贪婪瞬间变成恐惧,恐惧变成绝望。到11月,南海公司的股票坍塌到135英镑,原本坚定的信心开始崩溃,英国的金融市场遭到重创。

值得一提的是,在这场风波中,有史以来全世界最聪明的人之一——艾萨克·牛顿爵士也亏了2万英镑,虽然他当时担任着伦敦铸币厂厂长的肥差,这笔钱也相当于他10年的年薪。牛顿在事后的感叹也成为一句名言:"虽然我能计算出天体的运行轨迹,但人类的疯狂委实难以估计。"

人类从来就不是个理智的种族,牛顿爵士净说大实话。但是从这份疯狂中,我们能否得出一些经验教训呢?首先,下手要快,在投资时不要有太多顾虑,也许你的钱投进去了,你就赚了,但你要是总在犹豫徘徊,把钱攥得紧紧的,那你将永远赚不到钱。只有你把钱投进去了,才可能会有更大的笨蛋出现,要是你不投钱的话,那么发财的机会就永远是别人的,特别是到最后才慌慌忙忙进场的话,那么就要恭喜你"中奖"了。其次,莫要贪婪,赚到差不多就要赶紧撒手闪人,牛顿炒南海股票最早赚了7千英镑,就是因为太贪婪了,才又倒赔进去2万英镑。当然很多东西就是说起来简单,做起来难。很多人往往是不知不觉中变傻瓜,发现自己是傻瓜时就走不了了。大家都知道在搏傻,不过又有几个人觉得自己真傻呢?

参考文献

[1]菅原晃.经济学入门很简单[M].北京：人民邮电出版社，2019.

[2]张是之.经济学入门50讲[M].北京：中信出版社，2020.

[3]杜鹃.经济学入门[M].北京：中国纺织出版社，2021.

[4]陈根.经济学入门一本通[M].北京：化学工业出版社，2020.